Dionis Castro Cabeza

Diseño Web

AF376947

Dionis Castro Cabeza

Diseño Web

Guía para Bachillerato

Editorial Académica Española

Imprint
Any brand names and product names mentioned in this book are subject to trademark, brand or patent protection and are trademarks or registered trademarks of their respective holders. The use of brand names, product names, common names, trade names, product descriptions etc. even without a particular marking in this work is in no way to be construed to mean that such names may be regarded as unrestricted in respect of trademark and brand protection legislation and could thus be used by anyone.

Cover image: www.ingimage.com

Publisher:
Editorial Académica Española
is a trademark of
Dodo Books Indian Ocean Ltd. and OmniScriptum S.R.L publishing group

120 High Road, East Finchley, London, N2 9ED, United Kingdom
Str. Armeneasca 28/1, office 1, Chisinau MD-2012, Republic of Moldova, Europe
Managing Directors: Ieva Konstantinova, Victoria Ursu
info@omniscriptum.com

Printed at: see last page
ISBN: 978-620-0-04041-1

Copyright © Dionis Castro Cabeza
Copyright © 2025 Dodo Books Indian Ocean Ltd. and OmniScriptum S.R.L publishing group

Diseño Web

Dionis Castro

U n i d a d   E d u c a t i v a
F i s c o m i s i o n a l   " M o n s e ñ o r
Á n g e l   B a r b i s o t t i "

S e g u n d o   d e   B a c h i l l e r a t o   E n
I n f o r m á t i c a

18/03/2025

Contenido

Introducción

En la era digital actual, la presencia en línea es fundamental para empresas, organizaciones y proyectos personales. El diseño web se ha convertido en una habilidad esencial tanto para los desarrolladores como para los creativos que desean comunicar ideas, productos o servicios de manera efectiva a través de internet. Este módulo de Diseño Web para Segundo de Bachillerato está diseñado para proporcionar a los estudiantes una comprensión integral de los aspectos técnicos, creativos y funcionales involucrados en la creación de sitios web.

A lo largo de este módulo, los estudiantes aprenderán a desarrollar páginas web atractivas, funcionales y accesibles, utilizando herramientas y tecnologías clave como HTML, CSS y JavaScript. Además, se explorarán principios de diseño visual, usabilidad y accesibilidad, fundamentales para asegurar que los sitios web no solo sean estéticamente agradables, sino también fáciles de usar para una audiencia diversa.

El objetivo principal de este módulo es que los estudiantes sean capaces de diseñar y crear un sitio web desde cero, utilizando las mejores prácticas del sector, que sean responsivos (adaptables a diferentes dispositivos) y optimizados para un rendimiento eficiente.

Objetivos del Módulo:

- Aprender a estructurar páginas web con HTML, creando contenido básico y enriquecido (textos, imágenes, enlaces, formularios).
- Estilizar páginas web utilizando CSS, enfocándose en la maquetación, colores, tipografía y diseño adaptable.
- Introducir la interactividad mediante el uso de JavaScript, permitiendo que las páginas web respondan a las acciones del usuario.
- Aplicar principios de diseño centrados en el usuario (UX/UI) para garantizar la accesibilidad y la experiencia de usuario.
- Optimizar sitios web en términos de rendimiento y accesibilidad, para garantizar una carga rápida y una navegación sin barreras para personas con discapacidades.

El módulo se impartirá a través de una combinación de clases teóricas y prácticas. Durante las lecciones prácticas, los estudiantes trabajarán en ejercicios que les permitirán aplicar los conocimientos adquiridos, creando páginas web desde su estructura básica hasta proyectos más complejos. Además, se fomentará la colaboración en equipo para el diseño y desarrollo de proyectos conjuntos.

Este enfoque no solo desarrollará las habilidades técnicas necesarias para construir sitios web funcionales, sino que también potenciará la creatividad de los estudiantes en el proceso de diseño visual. Al final del curso, los estudiantes tendrán las competencias necesarias para construir y presentar un proyecto final de diseño web completo.

¿Qué es HTML?

    a) Un lenguaje de programación
    b) Un lenguaje de marcado que se utiliza para estructurar páginas web
    c) Una base de datos
    d) Un estilo de diseño gráfico

¿Cuál es la etiqueta principal que se utiliza para insertar imágenes en una página web?

    a) <image>
    b) <img>
    c) <pic>
    d) <image-src>

¿Cuál es el propósito de la etiqueta <head> en HTML?

    a) Definir el contenido visual de la página
    b) Incluir información meta como el título de la página y enlaces a archivos CSS
    c) Contener los textos y párrafos visibles para el usuario
    d) Definir la estructura de la página

¿Qué etiqueta se utiliza para crear un enlace a otra página web?

    a) <link>
    b) <a>
    c) <url>
    d) <connect>

¿Cómo se crea un formulario básico en HTML?

    a) <form>
    b) <input>
    c) <textarea>
    d) Todas las anteriores

¿Qué es CSS?

    a) Un lenguaje de marcado para estructurar páginas web
    b) Un lenguaje de programación
    c) Un lenguaje utilizado para aplicar estilos y diseño a una página web
    d) Un tipo de base de datos

¿Cómo puedes cambiar el color de fondo de una página web en CSS?

    a) background-color: #FFFFFF;
    b) color: #FFFFFF;
    c) font-color: #FFFFFF;
    d) bg-color: #FFFFFF;

¿Cuál es el propósito de los "selectores" en CSS?

    a) Seleccionar los colores para los textos
    b) Seleccionar elementos HTML a los que se les aplicarán estilos
    c) Seleccionar la fuente de los textos
    d) Seleccionar el tipo de navegador a utilizar

¿Qué propiedad de CSS se usa para cambiar el tamaño de la fuente de un texto?

    a) font-size
    b) font-weight
    c) text-align
    d) line-height

¿Qué es el "Box Model" en CSS?

a) Una forma de definir el tamaño de las imágenes

b) Un modelo para organizar la estructura interna de un contenedor HTML
c) Una propiedad que se usa para animar elementos
d) Un formato especial para formularios

Primer Trimestre

Objetivo: Diseñar y construir soluciones web de nivel intermedio con interfaz amigable, empleando herramientas multimedia que permitan promocionar la información e imagen de una organización y/o cliente.

Actitudes, valores y normas

- Trabajar de forma autónoma en la planificación y desarrollo de soluciones web, asumiendo las acciones encomendadas con responsabilidad, eficiencia, ética y disciplina.
- Mostrar interés e iniciativa en la proposición de ideas que permitan generar soluciones web de acuerdo a los requerimientos del usuario u organización.
- Tener una actitud propositiva para aportar con ideas creativas e innovadoras, respetando los derechos de autoría y aplicando normas, estándares y especificaciones técnicas.

Profesor

- Expone teóricamente los conceptos, hechos y procedimientos más relevantes de la unidad.
- Resuelve ejercicios en la pizarra o computador
- Da instrucciones para que los estudiantes realicen el trabajo.
- Revisa los ejercicios que los estudiantes hacen en la pizarra o computador.
- Realiza el refuerzo en los temas.
- Envía ejercicios de la tarea.
- Explica las actividades de refuerzo.

Estudiante

- Atienden la exposición del profesor y exponen los comentarios o dudas que le surjan.
- Realizan los ejercicios.
- Escuchan las instrucciones dadas por el profesor.
- Analizan detenidamente los enunciados de los ejercicios.
- Realizan los ejercicios en el cuaderno de borrador o computador.
- Salen a la pizarra a realizar los ejercicios.

Seguimiento de la actividad:

- Resuelve dudas y realiza aclaraciones o peticiones de más información.
- Orienta el trabajo para que se creen situaciones deseadas.
- Observa el trabajo, estimula y aclara dudas.
- Observa y corrige los ejercicios de la pizarra y computador.
- Realiza en seguimientos individual en el trabajo de los estudiantes

Evaluación:

- Participación activamente en la clase.
- Realización de ejercicios en la pizarra, computador y actividades del módulo.

Metodologías, estrategia y técnicas de aprendizaje:
- Aprendizaje basado en proyectos
- Lectura comentada
- Exposición
- Aula invertida
- Aprendizaje cooperativo
- Debates
- Ejercicios prácticos

Actividad:1

Duración: 1 a 2 semanas.

Introducción al Diseño Web

El diseño web es el proceso de planificar, conceptualizar y estructurar el contenido de un sitio web. Va más allá de la simple apariencia visual de la página; implica la creación de una experiencia fluida y efectiva para los usuarios que navegan por ella. A medida que la tecnología avanza y más actividades se realizan en línea, el diseño web se ha convertido en una habilidad crucial tanto en el mundo empresarial como en el personal.

El objetivo del diseño web es crear sitios que sean no solo visualmente atractivos, sino también funcionales, fáciles de usar y accesibles. Un buen diseño web garantiza que el sitio se vea bien en todos los dispositivos (ordenadores, tabletas, teléfonos móviles) y que ofrezca una experiencia de usuario agradable y eficiente. Además, el diseño debe ser coherente con la identidad de la marca, fácil de navegar, y proporcionar a los usuarios la información que necesitan de manera clara y rápida.

Elementos Claves del Diseño Web

Estructura y Navegación

La estructura de un sitio web define cómo se organiza y presenta el contenido. Una estructura clara, con menús y navegación intuitiva, facilita que los usuarios encuentren lo que buscan sin dificultad. Los menús de navegación deben estar bien organizados, y los enlaces deben ser fácilmente identificables.

Usabilidad

Un diseño web debe centrarse en la experiencia del usuario (UX), asegurándose de que los visitantes puedan interactuar con el sitio de manera efectiva. Esto incluye tiempos de carga rápidos, formularios fáciles de completar, y una estructura de contenido lógica y accesible.

Diseño Visual

El aspecto visual de un sitio web debe ser atractivo, coherente y alineado con los objetivos de la marca o propósito del sitio. La paleta de colores, las fuentes tipográficas y las imágenes deben ser seleccionadas cuidadosamente para lograr una apariencia armoniosa y profesional.

Adaptabilidad y Diseño Responsive

Dado que los usuarios acceden a sitios web desde diferentes dispositivos (móviles, tabletas, ordenadores), el diseño web debe ser adaptable. El **diseño responsive** asegura que el sitio se ajuste automáticamente al tamaño de la pantalla en la que se visualiza, manteniendo la funcionalidad y la estética en todos los dispositivos.

Accesibilidad

El diseño web debe garantizar que el sitio sea accesible para todas las personas, incluyendo aquellas con discapacidades. Esto significa implementar buenas prácticas como usar texto alternativo para imágenes, permitir la navegación mediante teclado, y asegurarse de que los contrastes de colores sean suficientes para las personas con dificultades visuales.

Optimización para Motores de Búsqueda (SEO)

Un buen diseño web también debe facilitar que los motores de búsqueda indexen el contenido del sitio correctamente. Esto incluye el uso adecuado de etiquetas HTML, una estructura limpia de URLs, y la creación de contenido relevante y de calidad.

Interactividad

El diseño web moderno incorpora elementos interactivos como animaciones, formularios, botones y desplazamiento suave, que enriquecen la experiencia del usuario. Estos elementos deben ser utilizados de manera estratégica para evitar sobrecargar la página y distraer al usuario.

Importancia del Diseño Web

Primera Impresión

El diseño de un sitio web es la primera interacción que un usuario tendrá con una empresa o individuo en línea. Un diseño profesional y atractivo genera una buena impresión, mientras que un diseño desordenado o poco profesional puede causar desconfianza.

Optimización para el Usuario

Un buen diseño web no solo atrae a los usuarios, sino que los mantiene interesados y les facilita la navegación por el sitio. Cuanto más fácil sea para los usuarios encontrar lo que buscan, más probabilidades habrá de que se queden más tiempo y regresen.

Competencia en el Mercado

En un entorno digital altamente competitivo, un buen diseño web es crucial para destacar entre la competencia. Las empresas que invierten en un diseño web bien pensado tienen más probabilidades de atraer y retener clientes.

Fidelización y Conversión

Un diseño efectivo ayuda a convertir a los visitantes en clientes. Una navegación fluida, un diseño atractivo y una experiencia positiva pueden aumentar las tasas de conversión y fidelización de los usuarios.

Tecnologías Clave en el Diseño Web

HTML (HyperText Markup Language)

Es el lenguaje de marcado utilizado para estructurar el contenido de una página web, como encabezados, párrafos, imágenes, enlaces y listas. HTML es la base de todas las páginas web.

CSS (Cascading Style Sheets)

Se utiliza para diseñar y darle estilo a la estructura HTML, controlando aspectos como colores, fuentes, márgenes, alineaciones y disposición de los elementos.

JavaScript

Es un lenguaje de programación que permite agregar interactividad y dinamismo a las páginas web. Con JavaScript, se pueden crear animaciones, formularios interactivos, y otros elementos que responden a las acciones del usuario.

Frameworks y Herramientas

Para facilitar el proceso de desarrollo y diseño, existen frameworks como **Bootstrap** (para diseño responsivo), y herramientas como **Figma** o **Adobe XD** para crear prototipos y diseñar interfaces de usuario.

1. ¿Qué es el diseño web?

a) El proceso de escribir código HTML solamente.

b) El proceso de planificar, crear y estructurar un sitio web, considerando su estética, funcionalidad y usabilidad.

c) La creación de gráficos para sitios web.

d) Ninguna de las anteriores.

2. ¿Cuál de los siguientes elementos es esencial para garantizar la accesibilidad de un sitio web?

a) Uso de imágenes sin texto alternativo.

b) Tener un contraste adecuado entre texto y fondo.

c) Uso de fondos oscuros con texto en colores brillantes.

d) Agregar solo imágenes y videos sin descripción.

3. ¿Qué significa "diseño responsive"?

a) Un diseño que se ve igual en todos los dispositivos, sin importar su tamaño.

b) Un diseño que se adapta al tamaño de la pantalla del dispositivo, ya sea móvil, tablet o desktop.

c) Un diseño que solo funciona en teléfonos móviles.

d) Un diseño que depende exclusivamente de JavaScript.

4. ¿Cuál de las siguientes tecnologías se utiliza principalmente para la estructura básica de un sitio web?

a) CSS

b) JavaScript

c) HTML

5. ¿Qué propiedad de CSS se utiliza para cambiar el color del texto en una página web?

a) background-color

b) text-color

c) color

d) font-color

6. ¿Cuál es la principal ventaja de usar un diseño web minimalista?

a) Utiliza más imágenes para atraer la atención del usuario.

b) La página web tiene más texto y menos imágenes.

c) Facilita la navegación y mejora la experiencia del usuario al reducir el desorden visual.

d) No es necesario hacer ajustes para dispositivos móviles.

7. ¿Qué es un "footer" en una página web?

a) El encabezado principal de la página.

b) Una sección en la parte inferior de la página que generalmente contiene enlaces de navegación, información de contacto o derechos de autor.

c) Un espacio entre las imágenes.

d) Un tipo de menú desplegable.

8. ¿Cuál es el propósito principal de un formulario de contacto en una página web?

a) Permitir que los usuarios naveguen entre páginas.

b) Recopilar información de los usuarios para establecer contacto.

c) Mostrar contenido multimedia.
d) Mejorar el diseño visual del sitio.

Actividad de refuerzo en casa (tarea):

____
____
____

Recuperación: ☐   ☐

____

Rubrica

	INDICADORES			
	DOMINA	ALCANZA	EN PROCESO	NO ALCANZA
CRITERIO	10 - 9	8 - 7	6 - 4	3 - 0
1. Comprensión Teórica	El estudiante domina el contenido de la temática.	El estudiante comprende el contenido de la temática.	El estudiante comprende mediamente el contenido de la temática.	El estudiante no alcanza a comprender el contenido de la temática.
2. Comprensión Práctica	El estudiante cumple a cabalidad con el desarrollo práctico del tema.	El estudiante cumple con el desarrollo práctico del tema.	El estudiante realiza medianamente el desarrollo práctico del tema.	El estudiante no alcanza a realizar el desarrollo práctico del tema.
3. Redacción y Ortografía.	El contenido está escrito correctamente, distribuido en párrafos, y utiliza adecuadamente las reglas de ortografía.	La mayor parte del texto está escrito correctamente, existen dos o tres errores ortográficos.	El texto presenta algunos errores de coherencia y cohesión, existen cuatro o cinco errores ortográficos.	El texto presenta demasiados errores de coherencia y cohesión, existen más de seis errores ortográficas.
4. Organización y Bibliografía.	El contenido presenta organización en una secuencia lógica que facilita su comprensión. Todas las fuentes de información están incorporadas y ordenadas adecuadamente.	La secuencia del contenido es lógica, pero tiene algunas ideas incompletas. La bibliografía está incompleta pero ordenada.	El texto tiene fallas en la secuencia lógica que impiden comprenderlo completamente. La bibliografía es escasa, pero está ordenada.	El contenido está desorganizado y es muy difícil seguir la secuencia de ideas. No incluye bibliografía.

	INDICADORES			
	DOMINA	ALCANZA	EN PROCESO	NO ALCANZA
CRITERIO	10 - 9	8 - 7	6 - 4	3 - 0
1. Comprensión Teórica				
2. Comprensión Práctica				
3. Redacción y Ortografía.				
4. Organización y Bibliografía.				

Observación:____

____

____

____

Actividad 2

Duración: 1 a 2 semanas.

Estructura Básica de una Página Web con HTML

HTML (HyperText Markup Language) es el lenguaje de marcado utilizado para estructurar el contenido de las páginas web. A continuación, se presenta la estructura básica de una página web utilizando HTML, con una breve explicación de cada parte.

1. Estructura Básica de HTML

```html
<!DOCTYPE html>
<html lang="es">
<head>
  <meta charset="UTF-8">
  <meta name="viewport" content="width=device-width, initial-scale=1.0">
  <title>Mi Primera Página Web</title>
  <link rel="stylesheet" href="estilos.css"> <!-- Enlace a archivo CSS -->
</head>
<body>
  <header>
    <nav>
      <ul>
        <li><a href="#home">Inicio</a></li>
        <li><a href="#about">Acerca de</a></li>
        <li><a href="#services">Servicios</a></li>
        <li><a href="#contact">Contacto</a></li>
      </ul>
    </nav>
  </header>

  <section id="home">
    <h1>Bienvenido a Mi Página Web</h1>
    <p>Este es un ejemplo básico de una página web estructurada con HTML.</p>
  </section>

  <section id="about">
    <h2>Acerca de</h2>
    <p>En esta sección, proporcionamos información sobre nosotros.</p>
  </section>

  <section id="services">
    <h2>Servicios</h2>
    <p>En esta sección describimos los servicios que ofrecemos.</p>
  </section>

  <section id="contact">
    <h2>Contacto</h2>
    <p>Puedes contactarnos a través del siguiente formulario.</p>
    <form action="/submit" method="POST">
      <label for="name">Nombre:</label>
      <input type="text" id="name" name="name" required>
      <br>
      <label for="email">Correo Electrónico:</label>
      <input type="email" id="email" name="email" required>
```

```
      <br>
      <input type="submit" value="Enviar">
    </form>
  </section>

  <footer>
    <p>&copy; 2025 Mi Página Web. Todos los derechos reservados.</p>
  </footer>
</body>
</html>
```

Explicación de la Estructura

<!DOCTYPE html>:
Esta línea es una declaración que indica al navegador que la página está escrita en HTML5. Es importante incluirla al inicio del documento.

<html lang="es">:
El elemento <html> envuelve todo el contenido de la página y el atributo lang="es" especifica que el idioma de la página es el español.

<head>:
El <head> contiene meta-información sobre el documento, como la codificación de caracteres, el título de la página, enlaces a archivos CSS y otros recursos importantes para la configuración y el rendimiento de la página.

> **<meta charset="UTF-8">**:
> Establece la codificación de caracteres en UTF-8, que es la más común para manejar caracteres especiales en los idiomas.
>
> **<meta name="viewport" content="width=device-width, initial-scale=1.0">**:
> Define la configuración de la vista para dispositivos móviles, asegurando que la página se vea correctamente en pantallas pequeñas.
>
> **<title>**:
> Establece el título que aparecerá en la pestaña del navegador.
>
> **<link rel="stylesheet" href="estilos.css">**:
> Este enlace vincula el archivo CSS externo para agregar estilos al documento.

<body>:
El <body> contiene todo el contenido visible de la página web, como texto, imágenes, videos, formularios, etc.

> **<header>**:
> El <header> contiene información introductoria, como el menú de navegación (en este caso, un <nav> con enlaces a diferentes secciones).
>
> **<nav>**:
> El <nav> es un elemento semántico que contiene los enlaces de navegación. Los elementos <ul> (lista desordenada) y <li> (elemento de lista) se utilizan para estructurar los enlaces.
>
> **<section>**:
> Las secciones están representadas por el elemento <section>. Cada sección tiene un encabezado <h1>, <h2>, etc., y un contenido descriptivo.
>
> > **id="home", id="about", etc.**:
> > Los identificadores (id) permiten crear enlaces internos dentro de la página para navegar entre secciones.
>
> **<form>**:
> El formulario (<form>) permite a los usuarios enviar información. Este

formulario tiene campos de entrada como input y un botón de envío. Los atributos action y method definen la URL donde se enviarán los datos y el método (POST en este caso).

<footer>:

El <footer> contiene información de pie de página, como derechos de autor o enlaces legales. Aquí se encuentra el texto de derechos reservados.

Elementos Comunes en una Página Web

<h1>, <h2>, etc.:

Los elementos de encabezado definen títulos en diferentes niveles. <h1> es el título más importante, mientras que <h2>, <h3>, etc., representan subtítulos de menor jerarquía.

<p>:

El elemento <p> define un párrafo de texto.

<a href="url">:

El elemento <a> crea un enlace. El atributo href especifica la URL de destino.

<img src="image.jpg" alt="Descripción">:

El elemento <img> se utiliza para agregar imágenes. El atributo src contiene la ruta de la imagen, y el atributo alt proporciona una descripción alternativa de la imagen para la accesibilidad.

<ul>, <ol>, <li>:

Estos elementos se utilizan para crear listas. <ul> es una lista desordenada (con viñetas), <ol> es una lista ordenada (numerada), y <li> es un elemento de lista.

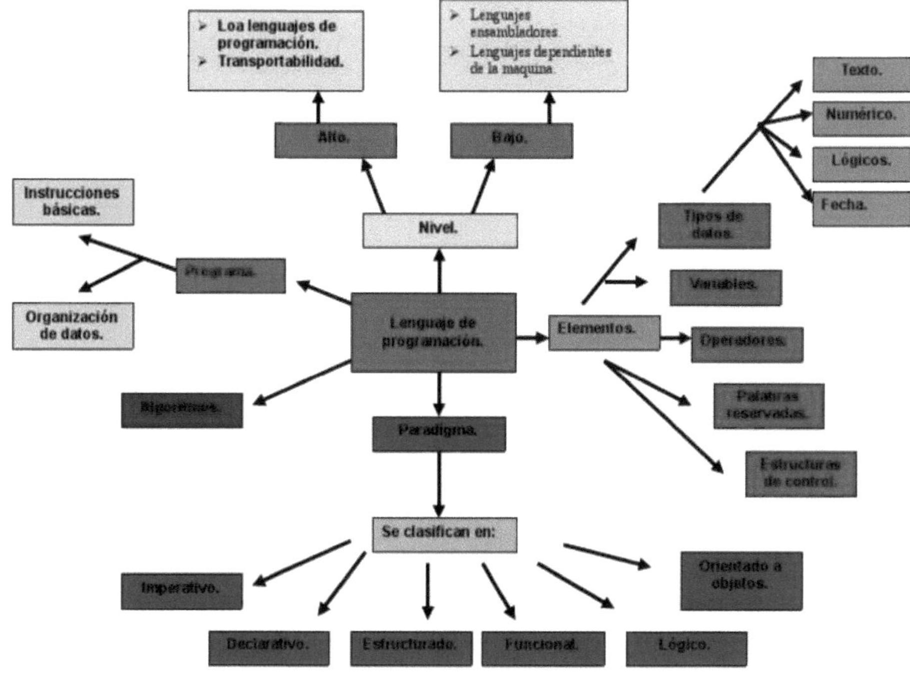

Evaluación

¿Qué significa la etiqueta <body> en un documento HTML?

a) Define la estructura de la página web.

b) Contiene el contenido visible de la página.

c) Establece el estilo de la página.

d) Define los metadatos del documento.

¿Qué etiqueta se utiliza para agregar un enlace a otra página web?

a) <a>

b) <link>

c) <div>

d) <button>

¿Qué propiedad de CSS permite cambiar el color de un texto en una página web?

a) font-color

b) color

c) text-color

d) background-color

¿Qué es el diseño responsive?

a) Un diseño que se adapta automáticamente al tamaño de la pantalla del dispositivo.

b) Un diseño que solo funciona en dispositivos móviles.

c) Un diseño fijo que no se adapta a otros dispositivos.

d) Un diseño que depende de la programación en JavaScript.

¿Qué significa SEO en el contexto del diseño web?

a) Es una técnica para aumentar el tráfico web mediante publicidad pagada.

b) Es un conjunto de prácticas para mejorar la visibilidad de un sitio web en motores de búsqueda.

c) Es una herramienta para crear gráficos en la página web.

d) Ninguna de las anteriores.

Actividad de refuerzo en casa (tarea):

____

____

____

____

Recuperación: ☐   ☐

____

Rubrica

	INDICADORES			
	DOMINA	ALCANZA	EN PROCESO	NO ALCANZA
CRITERIO	10 - 9	8 - 7	6 - 4	3 - 0
1. Comprensión Teórica	El estudiante domina el contenido de la temática.	El estudiante comprende el contenido de la temática.	El estudiante comprende medianamente el contenido de la temática.	El estudiante no alcanza a comprender el contenido de la temática.
2. Comprensión Práctica	El estudiante cumple a cabalidad con el desarrollo práctico del tema.	El estudiante cumple con el desarrollo práctico del tema.	El estudiante realiza medianamente el desarrollo práctico del tema.	El estudiante no alcanza a realizar el desarrollo práctico del tema.
3. Redacción y Ortografía.	El contenido está escrito correctamente, distribuido en párrafos, y utiliza adecuadamente las reglas de ortografía.	La mayor parte del texto está escrito correctamente, existen dos o tres errores ortográficos.	El texto presenta algunos errores de coherencia y cohesión, existen cuatro o cinco errores ortográficos.	El texto presenta demasiados errores de coherencia y cohesión, existen más de seis errores ortográficas.
4. Organización y Bibliografía.	El contenido presenta organización en una secuencia lógica que facilita su comprensión. Todas las fuentes de información están incorporadas y ordenadas adecuadamente.	La secuencia del contenido es lógica, pero tiene algunas ideas incompletas. La bibliografía está incompleta pero ordenada.	El texto tiene fallas en la secuencia lógica que impiden comprenderlo completamente. La bibliografía es escasa, pero está ordenada.	El contenido está desorganizado y es muy difícil seguir la secuencia de ideas. No incluye bibliografía.

	INDICADORES			
	DOMINA	ALCANZA	EN PROCESO	NO ALCANZA
CRITERIO	10 - 9	8 - 7	6 - 4	3 - 0
1. Comprensión Teórica				
2. Comprensión Práctica				
3. Redacción y Ortografía.				
4. Organización y Bibliografía.				

Observación:____

____

____

____

Estilos con CSS (Cascading Style Sheets)

CSS (Cascading Style Sheets) es el lenguaje utilizado para describir la presentación de un documento HTML. Permite controlar la apariencia de los elementos HTML, como colores, fuentes, márgenes, alineación y disposición de los contenidos. A continuación, se explica cómo aplicar estilos básicos a una página web utilizando CSS.

1. Cómo Vincular CSS con HTML

Existen tres formas de vincular CSS con un documento HTML:

1. **CSS en línea (inline)**: Se aplica directamente a un elemento HTML utilizando el atributo style.

   ```html
   <h1 style="color: blue; text-align: center;">Bienvenido a mi página web</h1>
   ```

2. **CSS Interno**: Se coloca dentro del archivo HTML, dentro de la etiqueta <style> en la sección <head>.

   ```html
   <head>
     <style>
       body {
           background-color: lightblue;
           font-family: Arial, sans-serif;
       }
       h1 {
           color: darkblue;
           text-align: center;
       }
     </style>
   </head>
   ```

3. **CSS Externo**: El código CSS se coloca en un archivo separado y se vincula al archivo HTML mediante la etiqueta <link>.

   ```html
   html
   Copiar
   <head>
     <link rel="stylesheet" href="styles.css">
   </head>
   ```

   En el archivo styles.css:

   ```css
   css
   Copiar
   body {
       background-color: lightblue;
       font-family: Arial, sans-serif;
   }
   h1 {
       color: darkblue;
       text-align: center;
   }
   ```

2. Selección de Elementos con CSS

Los estilos en CSS se aplican a los elementos HTML mediante selectores. Los selectores pueden ser de diferentes tipos:

- **Selector de Etiqueta**: Aplica el estilo a todas las instancias de esa etiqueta.

  ```css
  p {
      color: black;
  ```

}
- **Selector de Clase**: Aplica el estilo a todos los elementos que tengan la clase especificada. Se utiliza un punto (.) antes del nombre de la clase.
<p class="texto">Este es un párrafo.</p>

```css
Copiar
.texto {
    font-size: 18px;
    color: green;
}
```
- **Selector de ID**: Aplica el estilo al elemento que tenga un identificador único. Se utiliza el símbolo de número (#) antes del nombre del ID.
<h1 id="titulo">Mi Título</h1>

```css
Copiar
#titulo {
    font-size: 24px;
    color: red;
}
```
- **Selector de Atributo**: Aplica el estilo a los elementos que tienen un atributo específico.
```
input[type="text"] {
    background-color: yellow;
}
```

3. Propiedades Comunes en CSS

A continuación se detallan algunas de las propiedades más comunes utilizadas para estilizar elementos en una página web.

Estilo de Texto

- **color**: Define el color del texto.
```css
Copiar
p {
    color: blue;
}
```
- **font-size**: Define el tamaño de la fuente.
```css
Copiar
p {
    font-size: 18px;
}
```
- **font-family**: Define la fuente utilizada en el texto.
```css
Copiar
p {
    font-family: 'Arial', sans-serif;
}
```
- **font-weight**: Establece el grosor de la fuente (normal, bold, etc.).
```css
Copiar
p {
```

        font-weight: bold;
    }

- **line-height**: Define la altura de la línea entre líneas de texto.

```css
Copiar
p {
    line-height: 1.6;
}
```

Propiedades de Fondo

- **background-color**: Define el color de fondo de un elemento.

```css
body {
    background-color: lightblue;
}
```

- **background-image**: Establece una imagen de fondo para un elemento.

```css
body {
    background-image: url('fondo.jpg');
    background-size: cover; /* Cubre toda el área disponible */
}
```

Márgenes y Rellenos

- **margin**: Define el margen alrededor de un elemento (el espacio exterior).

```css
p {
    margin: 20px;
}
```

- **padding**: Define el espacio entre el borde de un elemento y su contenido (espacio interior).

```css
p {
    padding: 10px;
}
```

Alineación y Diseño

- **text-align**: Establece la alineación horizontal del texto (izquierda, derecha, centrado).

```css
Copiar
h1 {
    text-align: center;
}
```

- **display**: Controla el comportamiento de los elementos. block, inline, flex y grid son algunos de los valores más comunes.

```css
Copiar
div {
    display: block;
}

span {
    display: inline;
}
```

- **width y height**: Definen el ancho y la altura de los elementos.

```css
Copiar
div {
    width: 100%;
```

height: 500px;
    }

Bordes

- **border**: Define el borde alrededor de un elemento. Puedes definir el grosor, el estilo y el color del borde.
  css
  Copiar

```css
div {
    border: 2px solid black;
}
```

- **border-radius**: Redondea las esquinas de un elemento.
  css
  Copiar

```css
div {
    border-radius: 10px;
}
```

4. Diseño Responsive con Media Queries

Las **media queries** son una técnica de CSS que permite aplicar estilos diferentes según las características del dispositivo, como el tamaño de la pantalla.
css
Copiar

```css
/* Estilos para pantallas grandes (escritorios) */
@media screen and (min-width: 768px) {
  body {
    background-color: lightblue;
  }
}

/* Estilos para pantallas pequeñas (móviles) */
@media screen and (max-width: 767px) {
  body {
    background-color: lightyellow;
  }
}
```

5. Ejemplo Completo: Página Web con Estilos CSS

html
Copiar

```html
<!DOCTYPE html>
<html lang="es">
<head>
  <meta charset="UTF-8">
  <meta name="viewport" content="width=device-width, initial-scale=1.0">
  <title>Mi Página con CSS</title>
  <link rel="stylesheet" href="estilos.css">
</head>
<body>
  <header>
    <h1>Bienvenido a mi Página Web</h1>
    <nav>
      <ul>
```

```html
        <li><a href="#home">Inicio</a></li>
        <li><a href="#about">Acerca de</a></li>
        <li><a href="#services">Servicios</a></li>
        <li><a href="#contact">Contacto</a></li>
      </ul>
    </nav>
  </header>

  <section id="home">
    <h2>Inicio</h2>
    <p>Bienvenido a la página web. Aquí podrás encontrar información sobre nuestros servicios.</p>
  </section>

  <section id="about">
    <h2>Acerca de</h2>
    <p>Somos una empresa dedicada a ofrecer soluciones tecnológicas innovadoras.</p>
  </section>

  <section id="services">
    <h2>Servicios</h2>
    <p>Ofrecemos desarrollo web, diseño gráfico y marketing digital.</p>
  </section>

  <section id="contact">
    <h2>Contacto</h2>
    <form action="#" method="post">
      <label for="name">Nombre:</label>
      <input type="text" id="name" name="name" required>
      <br>
      <label for="email">Correo electrónico:</label>
      <input type="email" id="email" name="email" required>
      <br>
      <input type="submit" value="Enviar">
    </form>
  </section>

  <footer>
    <p>&copy; 2025 Mi Página Web. Todos los derechos reservados.</p>
  </footer>
</body>
</html>
```

css
Copiar

```css
/* estilos.css */

body {
  font-family: Arial, sans-serif;
  background-color: lightgray;
  margin: 0;
  padding: 0;
```

```css
}

header {
   background-color: darkblue;
   color: white;
   padding: 10px 0;
   text-align: center;
}

nav ul {
   list-style-type: none;
   padding: 0;
}

nav ul li {
   display: inline;
   margin-right: 15px;
}

nav ul li a {
   color: white;
   text-decoration: none;
}

section {
   margin: 20px;
   padding: 20px;
   background-color: white;
   border-radius: 8px;
}

footer {
   text-align: center;
   padding: 10px;
   background-color: darkblue;
   color: white;
}

@media screen and (max-width: 768px) {
   body {
      background-color: lightyellow;
   }

   nav ul li {
      display: block;
      margin-bottom: 10px;
   }
}
```

¿Qué propiedad de CSS se utiliza para cambiar el color de fondo de una página web?

    a) background-color

    b) color

    c) font-color

    d) background-image

¿Qué etiqueta HTML es necesaria para vincular una hoja de estilo externa (CSS) a un documento HTML?

    a) <script>

    b) <link>

    c) <style>

    d) <css>

¿Cuál es la propiedad de CSS para cambiar el tamaño de la fuente de un elemento?

    a) font-style

    b) font-size

    c) text-size

    d) font-family

¿Qué es una media query en CSS?

    a) Una propiedad para cambiar el diseño de la página.

    b) Una consulta que ajusta los estilos según el tamaño de la pantalla o características del dispositivo.

    c) Una herramienta para hacer animaciones.

    d) Una etiqueta HTML para insertar imágenes.

¿Qué significa el valor display: flex; en CSS?

    a) Hace que los elementos se alineen de forma fluida y en una sola fila.

    b) Alinea los elementos en bloques de contenido.

    c) Hace que los elementos se comporten como un bloque.

    d) Muestra el contenido solo en dispositivos móviles.

Actividad de refuerzo en casa (tarea):

____

____

____

Recuperación: ☐   ☐

____

___

Rubrica

CRITERIO	INDICADORES			
	DOMINA	ALCANZA	EN PROCESO	NO ALCANZA
	10 - 9	8 - 7	6 - 4	3 - 0
1. Comprensión Teórica	El estudiante domina el contenido de la temática.	El estudiante comprende el contenido de la temática.	El estudiante comprende mediamente el contenido de la temática.	El estudiante no alcanza a comprender el contenido de la temática.
2. Comprensión Práctica	El estudiante cumple a cabalidad con el desarrollo práctico del tema.	El estudiante cumple con el desarrollo práctico del tema.	El estudiante realiza medianamente el desarrollo práctico del tema.	El estudiante no alcanza a realizar el desarrollo práctico del tema.
3. Redacción y Ortografía.	El contenido está escrito correctamente, distribuido en párrafos, y utiliza adecuadamente las reglas de ortografía.	La mayor parte del texto está escrito correctamente, existen dos o tres errores ortográficos.	El texto presenta algunos errores de coherencia y cohesión, existen cuatro o cinco errores ortográficos.	El texto presenta demasiados errores de coherencia y cohesión, existen más de seis errores ortográficas.
4. Organización y Bibliografía.	El contenido presenta organización en una secuencia lógica que facilita su comprensión. Todas las fuentes de información están incorporadas y ordenadas adecuadamente.	La secuencia del contenido es lógica, pero tiene algunas ideas incompletas. La bibliografía está incompleta pero ordenada.	El texto tiene fallas en la secuencia lógica que impiden comprenderlo completamente. La bibliografía es escasa, pero está ordenada.	El contenido está desorganizado y es muy difícil seguir la secuencia de ideas. No incluye bibliografía.

CRITERIO	INDICADORES			
	DOMINA	ALCANZA	EN PROCESO	NO ALCANZA
	10 - 9	8 - 7	6 - 4	3 - 0
1. Comprensión Teórica				
2. Comprensión Práctica				
3. Redacción y Ortografía.				
4. Organización y Bibliografía.				

Observación:____

____

____

____

Introducción a JavaScript

JavaScript es un lenguaje de programación que se utiliza principalmente para crear interactividad en las páginas web. Junto con **HTML** y **CSS**, JavaScript forma una de las piedras angulares del desarrollo web moderno. Si bien **HTML** define la estructura de la página y **CSS** se encarga del estilo, **JavaScript** le da vida al sitio web al permitir la interacción dinámica con los usuarios.

¿Qué es JavaScript?

JavaScript es un lenguaje de programación de alto nivel, interpretado y orientado a objetos que se utiliza para crear contenido web interactivo. Es un lenguaje basado en **eventos**, lo que significa que puede reaccionar a lo que el usuario hace en una página web, como hacer clic en un botón, mover el ratón o ingresar datos en un formulario.

JavaScript es un lenguaje **client-side**, lo que significa que generalmente se ejecuta en el navegador del usuario, no en el servidor. Esto permite que las páginas web sean más interactivas y dinámicas, mejorando la experiencia del usuario sin tener que cargar nuevas páginas desde el servidor.

¿Dónde se usa JavaScript?

- **Interactividad en páginas web**: Como responder a eventos del usuario (clics, desplazamiento, teclas pulsadas).
- **Validación de formularios**: Asegura que los datos enviados por los usuarios sean correctos antes de enviarlos al servidor.
- **Manipulación del DOM (Document Object Model)**: Permite modificar la estructura de la página web, como cambiar el contenido, agregar o quitar elementos HTML.
- **Animaciones y efectos visuales**: Crear efectos como transiciones suaves, sliders o pop-ups.
- **Desarrollo de aplicaciones web**: JavaScript también se usa en el desarrollo de aplicaciones web modernas usando frameworks y librerías como React, Angular o Vue.js.

¿Cómo se incluye JavaScript en una página web?

JavaScript se puede incluir en una página web de tres maneras principales:

1. **En línea (Inline)**: JavaScript se escribe directamente en los atributos HTML, generalmente en el atributo onclick o onmouseover, por ejemplo.
   html
   Copiar
   ```html
   <button onclick="alert('¡Hola Mundo!')">Haz clic aquí</button>
   ```
2. **Interno (Internal)**: JavaScript se escribe dentro de la página web, dentro de la etiqueta <script> en el archivo HTML, generalmente en la parte inferior del archivo o en la sección <head>.
   html
   Copiar
   ```html
   <script>
     function saludo() {
        alert('¡Hola Mundo!');
     }
   </script>
   <button onclick="saludo()">Haz clic aquí</button>
   ```
3. **Externo (External)**: JavaScript se escribe en un archivo separado con la extensión .js y luego se vincula a la página HTML con la etiqueta <script>.
   html
   Copiar
   ```html
   <script src="script.js"></script>
   ```

En el archivo script.js:
javascript
Copiar
```javascript
function saludo() {
    alert('¡Hola Mundo!');
}
```

Sintaxis Básica de JavaScript

1. **Variables**: Se utilizan para almacenar datos. En JavaScript, puedes declarar variables utilizando var, let o const.
   javascript
   Copiar
   ```javascript
   let nombre = "Juan";  // Declaración con let
   const edad = 30;      // Declaración con const (constante)
   ```
2. **Funciones**: Las funciones son bloques de código que se pueden ejecutar cuando se les llama.
   javascript
   Copiar
   ```javascript
   function saludo() {
       alert("¡Hola Mundo!");
   }
   ```
3. **Condicionales**: JavaScript utiliza estructuras de control para tomar decisiones en función de las condiciones.
   javascript
   Copiar
   ```javascript
   let edad = 20;

   if (edad >= 18) {
       alert("Eres mayor de edad.");
   } else {
       alert("Eres menor de edad.");
   }
   ```
4. **Bucles**: Los bucles permiten ejecutar un bloque de código varias veces.
   javascript
   Copiar
   ```javascript
   for (let i = 0; i < 5; i++) {
       console.log(i);  // Imprime los números del 0 al 4
   }
   ```
5. **Eventos**: JavaScript puede reaccionar a eventos que ocurren en el navegador, como un clic, un movimiento del mouse, o la pulsación de una tecla.
   html
   Copiar
   ```html
   <button onclick="cambiarTexto()">Haz clic aquí</button>
   <p id="parrafo">Texto original</p>

   <script>
       function cambiarTexto() {
           document.getElementById('parrafo').innerHTML = "¡Texto cambiado!";
       }
   </script>
   ```

DOM (Document Object Model)

El **DOM** es una interfaz de programación que permite acceder y manipular los elementos HTML de una página web de manera dinámica usando JavaScript. Esto significa que puedes cambiar el contenido, la estructura y los estilos de una página web mientras está cargada en el navegador.

Por ejemplo, para cambiar el contenido de un elemento HTML con JavaScript, puedes hacer lo siguiente:

javascript
Copiar

```
document.getElementById("miElemento").innerHTML = "Nuevo contenido";
```

El DOM proporciona métodos y propiedades para acceder a todos los elementos de la página, como:

- **getElementById()**: Para acceder a un elemento por su ID.
- **getElementsByClassName()**: Para acceder a elementos por su clase.
- **querySelector()**: Para acceder a un único elemento utilizando un selector CSS.
- **addEventListener()**: Para asignar funciones a eventos de elementos, como clics.

Conceptos Básicos de JavaScript

1. **Tipos de datos**: Los datos en JavaScript pueden ser de varios tipos, tales como:
   - **Número**: let numero = 10;
   - **Cadena de texto**: let nombre = "Juan";
   - **Booleano**: let esAdulto = true;
   - **Arreglo (Array)**: let frutas = ["manzana", "plátano", "naranja"];
   - **Objeto**: let persona = {nombre: "Juan", edad: 30};
2. **Operadores**:
   - **Aritméticos**: +, -, *, /, % (suma, resta, multiplicación, división, módulo).
   - **Comparación**: ==, ===, !=, >, <, >=, <=.
   - **Lógicos**: && (Y), || (O), ! (NO).
3. **Ámbito de variables**: El alcance de una variable puede ser global o local, dependiendo de dónde se declare (fuera de funciones o dentro).
4. **Asincronía**: JavaScript también puede manejar operaciones asincrónicas, como la carga de datos desde un servidor (AJAX) o el uso de promesas (Promise) para manejar tareas que tardan en completarse.

Evaluación

1. ¿Cuál de las siguientes opciones es correcta para declarar una variable en JavaScript?

a) variable nombre = "Juan";
b) var nombre = "Juan";
c) let nombre = "Juan";
d) Ambas b y c son correctas.

2. ¿Qué hace el siguiente código JavaScript?

javascript
Copiar

```
let edad = 18;
if (edad >= 18) {
   alert("Eres mayor de edad");
{
```

a) Imprime "Eres menor de edad"
b) Muestra un mensaje de alerta si la edad es mayor o igual a 18
c) Cambia la edad de la persona a 18
d) No hace nada

3. ¿Cuál es el propósito de la función console.log() en JavaScript?
a) Mostrar mensajes en una ventana emergente
b) Imprimir mensajes en la consola del navegador
c) Mostrar imágenes en la página web
d) Crear una alerta emergente
4. ¿Qué propiedad se usa en JavaScript para cambiar el contenido de un elemento HTML?
a) textContent
b) innerHTML
c) style
d) src
5. ¿Qué es el DOM en JavaScript?
a) Un lenguaje de programación
b) Un modelo de objetos que permite interactuar con elementos HTML
c) Un tipo de variable en JavaScript
d) Una librería externa
6. Verdadero o Falso: En JavaScript, let y const se pueden usar para declarar variables cuyo valor no cambiará.
7. ¿Qué evento se utiliza para ejecutar una función cuando un usuario hace clic en un botón?
a) onmouseover
b) onload
c) onclick
d) onfocus
8. ¿Cómo se crea una función en JavaScript?
a) function miFuncion()
b) crear función miFuncion()
c) def miFuncion()
d) function: miFuncion()

Actividad de refuerzo en casa (tarea):

____

____

____

____

Recuperación: ☐   ☐

____

___

Rubrica

	INDICADORES			
	DOMINA	**ALCANZA**	**EN PROCESO**	**NO ALCANZA**
CRITERIO	10 - 9	8 - 7	6 - 4	3 - 0
1. Comprensión Teórica	El estudiante domina el contenido de la temática.	El estudiante comprende el contenido de la temática.	El estudiante comprende medianamente el contenido de la temática.	El estudiante no alcanza a comprender el contenido de la temática.
2. Comprensión Práctica	El estudiante cumple a cabalidad con el desarrollo práctico del tema.	El estudiante cumple con el desarrollo práctico del tema.	El estudiante realiza medianamente el desarrollo práctico del tema.	El estudiante no alcanza a realizar el desarrollo práctico del tema.
3. Redacción y Ortografía.	El contenido está escrito correctamente, distribuido en párrafos, y utiliza adecuadamente las reglas de ortografía.	La mayor parte del texto está escrito correctamente, existen dos o tres errores ortográficos.	El texto presenta algunos errores de coherencia y cohesión, existen cuatro o cinco errores ortográficos.	El texto presenta demasiados errores de coherencia y cohesión, existen más de seis errores ortográficas.
4. Organización y Bibliografía.	El contenido presenta organización en una secuencia lógica que facilita su comprensión. Todas las fuentes de información están incorporadas y ordenadas adecuadamente.	La secuencia del contenido es lógica, pero tiene algunas ideas incompletas. La bibliografía está incompleta pero ordenada.	El texto tiene fallas en la secuencia lógica que impiden comprenderlo completamente. La bibliografía es escasa, pero está ordenada.	El contenido está desorganizado y es muy difícil seguir la secuencia de ideas. No incluye bibliografía.

	INDICADORES			
	DOMINA	**ALCANZA**	**EN PROCESO**	**NO ALCANZA**
CRITERIO	10 - 9	8 - 7	6 - 4	3 - 0
1. Comprensión Teórica				
2. Comprensión Práctica				
3. Redacción y Ortografía.				
4. Organización y Bibliografía.				

Observación:____

____

____

____

Pasos para Crear una Paleta de Colores para un Proyecto Web

Comprensión del Proyecto

Antes de elegir colores, los estudiantes deben tener claro el propósito del sitio web. Algunas preguntas clave para esto podrían ser:

¿Cuál es el tema del proyecto? (por ejemplo, una tienda online, un blog personal, una página institucional)

¿Quién es el público objetivo? (jóvenes, adultos, profesionales, niños)

¿Qué emociones o sensaciones quiere transmitir el sitio? (confianza, modernidad, diversión, serenidad)

Investigación de la Psicología del Color

Los colores tienen un significado emocional y psicológico. Asegúrate de que los estudiantes comprendan cómo los colores pueden influir en la percepción del sitio:

Rojo: Energía, urgencia, pasión.

Azul: Confianza, profesionalismo, calma.

Verde: Salud, naturaleza, tranquilidad.

Amarillo: Optimismo, felicidad, creatividad.

Naranja: Entusiasmo, juventud, accesibilidad.

Morado: Lujo, creatividad, misterio.

Negro: Elegancia, sofisticación, autoridad.

Blanco: Simplicidad, limpieza, claridad.

Elección de los Colores Principales

A continuación, los estudiantes deben elegir uno o dos colores principales que reflejen la identidad del sitio. Esto se debe basar en los resultados de la investigación del proyecto y la psicología del color.

Selección de Colores Secundarios

Para complementar los colores principales, los estudiantes deben elegir colores secundarios que armonicen bien con ellos. Estos colores servirán para destacar ciertos elementos en la página (botones, enlaces, llamadas a la acción, etc.).

Crear Colores Neutros

Es importante incluir colores neutros (como blancos, grises, y negros) para equilibrar la paleta y garantizar que los colores principales y secundarios no sobrecarguen visualmente el diseño.

Consideración de la Accesibilidad

Los colores deben tener suficiente contraste entre sí para garantizar que sean legibles para todas las personas, incluidas aquellas con discapacidades visuales. Los estudiantes deben comprobar que el contraste entre el texto y el fondo sea lo suficientemente alto para garantizar la legibilidad. Herramientas como WebAIM Contrast Checker pueden ser útiles.

Uso de Herramientas para Crear la Paleta de Colores

Los estudiantes pueden usar herramientas en línea para generar y probar paletas de colores. Algunas herramientas útiles incluyen:

Coolors: https://coolors.co/ - Genera paletas armoniosas con un solo clic.

Adobe Color: https://color.adobe.com/ - Crea paletas y explora combinaciones de colores.

Paletton: http://paletton.com/ - Herramienta interactiva para crear paletas de colores.

Crear la Paleta Final

Usando las herramientas anteriores o manualmente, los estudiantes deben seleccionar los colores y agruparlos en una paleta de 5-7 colores que serán utilizados en el diseño del sitio web. La paleta debe incluir:

Color primario: El color principal del sitio.

Colores secundarios: Colores complementarios para botones, enlaces, etc.

Colores de fondo: Colores neutros para el fondo del sitio.

Colores de texto: Asegúrate de elegir colores legibles y que contrasten bien con el fondo.

Aplicar la Paleta al Proyecto

Los estudiantes deben aplicar los colores seleccionados en un diseño mockup o en una maqueta web. Esto incluye:

Definir los colores para los fondos (de encabezados, pies de página, secciones principales, etc.).

Establecer los colores de texto (para encabezados, párrafos, enlaces, botones).

Aplicar los colores en elementos interactivos como botones, enlaces hover y formularios.

Prueba y Ajustes

Finalmente, es importante que los estudiantes realicen pruebas de su paleta de colores en diferentes dispositivos para asegurarse de que los colores se vean bien en pantallas de diferentes tamaños y resoluciones. También deben obtener retroalimentación para asegurarse de que los colores elegidos sean efectivos y agradables.

Ejemplo de Paleta de Colores

Imaginemos que el proyecto es un sitio web para una tienda de productos ecológicos. Una posible paleta de colores podría ser:

Color principal: Verde (#4CAF50) – Representa la naturaleza y la sostenibilidad.

Colores secundarios:

Marrón suave (#795548) – Para transmitir calidez y naturalidad.

Naranja claro (#FF9800) – Para dar un toque de energía y optimismo.

Colores neutros:

Blanco (#FFFFFF) – Para fondos y secciones limpias.

Gris oscuro (#333333) – Para el texto principal.

Colores de texto:

Blanco (#FFFFFF) para texto en botones y enlaces de contraste.

Gris claro (#B0B0B0) para textos secundarios.

Evaluación

1. **¿Cuál es el objetivo principal de elegir una paleta de colores en el diseño web?**

   a) Hacer que el sitio web se vea más colorido

   b) Crear una armonía visual que mejore la experiencia del usuario

   c) Asegurar que el sitio web sea compatible con todos los navegadores

   d) Aumentar el tráfico del sitio web

2. **¿Cuál de los siguientes colores se asocia generalmente con la confianza y la profesionalidad?**

   a) Rojo

   b) Azul

   c) Naranja

   d) Verde

3. **Para garantizar la accesibilidad de los colores en un sitio web, ¿qué aspecto debe ser considerado?**

   a) La cantidad de colores utilizados

   b) El contraste entre el texto y el fondo

   c) La saturación de los colores

   d) La paleta de colores utilizada por la competencia

4. **¿Qué herramienta permite crear paletas de colores armoniosas de manera automática?**
   a) Visual Studio Code
   b) Adobe Photoshop
   c) Coolors
   d) Sublime Text
5. **¿Cuál de los siguientes es un color neutro comúnmente utilizado en diseño web?**
   a) Rojo
   b) Blanco
   c) Amarillo
   d) Azul
6. **Al crear una paleta de colores para un proyecto web, ¿qué se debe evitar?**
   a) Usar una paleta equilibrada de 5-7 colores
   b) Utilizar colores con suficiente contraste para la legibilidad
   c) Elegir colores que no reflejan la identidad o el propósito del proyecto
   d) Usar colores neutros para el fondo y el texto
   Respuesta correcta: c) Elegir colores que no reflejan la identidad o el propósito del proyecto
7. **¿Qué color es más adecuado para un sitio web relacionado con la salud o el bienestar?**
   a) Rojo brillante
   b) Azul marino
   c) Verde
   d) Amarillo
8. **Los colores cálidos como el rojo y el naranja transmiten sensaciones de calma y tranquilidad.**

   a) Verdadero
   b) Falso

Actividad de refuerzo en casa (tarea):

____

____

____

Recuperación: ▯   ▯

____

___

Rubrica

	INDICADORES			
	DOMINA	ALCANZA	EN PROCESO	NO ALCANZA
CRITERIO	10 - 9	8 - 7	6 - 4	3 - 0
1. Comprensión Teórica	El estudiante domina el contenido de la temática.	El estudiante comprende el contenido de la temática.	El estudiante comprende medianamente el contenido de la temática.	El estudiante no alcanza a comprender el contenido de la temática.
2. Comprensión Práctica	El estudiante cumple a cabalidad con el desarrollo práctico del tema.	El estudiante cumple con el desarrollo práctico del tema.	El estudiante realiza medianamente el desarrollo práctico del tema.	El estudiante no alcanza a realizar el desarrollo práctico del tema.
3. Redacción y Ortografía.	El contenido está escrito correctamente, distribuido en párrafos, y utiliza adecuadamente las reglas de ortografía.	La mayor parte del texto está escrito correctamente, existen dos o tres errores ortográficos.	El texto presenta algunos errores de coherencia y cohesión, existen cuatro o cinco errores ortográficos.	El texto presenta demasiados errores de coherencia y cohesión, existen más de seis errores ortográficas.
4. Organización y Bibliografía.	El contenido presenta organización en una secuencia lógica que facilita su comprensión. Todas las fuentes de información están incorporadas y ordenadas adecuadamente.	La secuencia del contenido es lógica, pero tiene algunas ideas incompletas. La bibliografía está incompleta pero ordenada.	El texto tiene fallas en la secuencia lógica que impiden comprenderlo completamente. La bibliografía es escasa, pero está ordenada.	El contenido está desorganizado y es muy difícil seguir la secuencia de ideas. No incluye bibliografía.

	INDICADORES			
	DOMINA	ALCANZA	EN PROCESO	NO ALCANZA
CRITERIO	10 - 9	8 - 7	6 - 4	3 - 0
1. Comprensión Teórica				
2. Comprensión Práctica				
3. Redacción y Ortografía.				
4. Organización y Bibliografía.				

Observación:____

____

____

____

Pasos para Crear el Diseño Visual de una Página de Inicio

1. Definir el Propósito y la Audiencia del Sitio Web

Antes de comenzar a diseñar, es esencial entender el propósito del sitio y el público al que va dirigido. Algunas preguntas clave:

- **¿Cuál es el objetivo principal del sitio?** ¿Es informativo, comercial, educativo, o para entretenimiento?
- **¿Quién es el público objetivo?** Considera la edad, intereses, y nivel de familiaridad con la tecnología.

Por ejemplo, si estás diseñando una página para una tienda en línea, el diseño debe centrarse en la venta de productos. Si el sitio es un blog, la estructura debe priorizar el contenido.

2. Esquematizar la Estructura de la Página

Un buen diseño de página de inicio tiene una estructura clara y organizada. A continuación te doy una estructura común para una página de inicio:

- **Encabezado (Header):**
  - **Logo**: Visible en la parte superior izquierda.
  - **Menú de navegación**: Links a las páginas más importantes (Inicio, Productos, Blog, Contacto, etc.).
  - **Barra de búsqueda** (opcional): Facilita la navegación interna.
  - **Accesos rápidos**: Íconos para redes sociales o botones de llamada a la acción (como "Iniciar sesión" o "Carrito").
- **Hero Section (Sección principal):**
  - **Imagen o video destacado**: Una imagen atractiva que refleje la identidad de la marca o producto. Puede ser un video corto.
  - **Llamada a la acción (CTA)**: Un botón destacado como "Comprar ahora", "Suscríbete", o "Explorar más".
- **Sección de Beneficios/Características:**
  - **Listar las ventajas** de los productos o servicios de manera concisa y visualmente atractiva.
  - **Íconos** o imágenes acompañadas de texto breve para mejorar la comprensión.
- **Sección de Productos/Servicios Destacados (si aplica):**
  - **Carrusel de productos** o una cuadrícula con productos o servicios destacados.
  - Cada producto debe tener una imagen, nombre y precio (si es una tienda).
- **Testimonios o Reseñas:**
  - Incluir opiniones de usuarios satisfechos para construir confianza.
  - Utilizar citas o estrellas para resaltar la valoración.
- **Pie de página (Footer):**
  - **Información de contacto**: Dirección, correo electrónico, número de teléfono.
  - **Enlaces importantes**: Políticas de privacidad, términos de uso, mapa del sitio.
  - **Redes sociales**: Íconos que enlacen a las redes sociales de la empresa.

3. Priorizar la Experiencia de Usuario (UX)

El diseño debe ser **intuitivo** y facilitar la navegación. Para ello, ten en cuenta lo siguiente:

- **Simplicidad**: La página no debe estar sobrecargada de información. El diseño debe ser limpio, con suficiente espacio en blanco para que los elementos respiren.
- **Jerarquía visual**: Los elementos importantes deben destacarse usando tamaños, colores y ubicaciones estratégicas. Por ejemplo, la llamada a la acción debe ser más grande y de un color que contraste con el fondo.
- **Consistencia**: Usa un esquema de colores y tipografía consistente en toda la página. Esto crea una experiencia visual coherente.
- **Velocidad de carga**: Asegúrate de que las imágenes estén optimizadas y que la página cargue rápidamente. Los tiempos de carga largos pueden afectar negativamente la experiencia del usuario.
- **Diseño responsivo**: La página debe ser completamente funcional en todos los dispositivos, especialmente en móviles. Los botones, menús y secciones deben ajustarse adecuadamente.

4. Establecer una Paleta de Colores y Tipografía

Elige colores y fuentes que coincidan con la identidad visual de la marca. Por ejemplo:

- **Colores**: Si es una tienda ecológica, colores como el verde o marrón son apropiados. Si es un sitio tecnológico, los tonos azules y grises pueden ser ideales.
- **Tipografía**: Escoge fuentes legibles, con tamaños adecuados para facilitar la lectura en diferentes dispositivos. Utiliza fuentes sans-serif para los textos y serif para los títulos si buscas elegancia.

5. Crear el Diseño Visual en Herramientas de Prototipado

Usa herramientas como **Figma**, **Sketch**, o **Adobe XD** para crear el diseño visual de la página. Aquí te doy algunos consejos:

- **Definir un grid**: Utiliza un sistema de cuadrícula para garantizar una alineación consistente.
- **Empezar con wireframes**: Crea un esquema básico de la página con los bloques principales (header, hero section, footer, etc.). Esto te ayudará a organizar los elementos de forma lógica.
- **Añadir detalles visuales**: Después de establecer el esquema, agrega imágenes, colores, íconos y tipografía.

6. Probar el Diseño

Una vez que tengas un prototipo, realiza pruebas con usuarios para ver cómo interactúan con la página de inicio. Observa si:

- Pueden navegar fácilmente.
- La llamada a la acción (CTA) es clara.
- Los elementos visuales guían la atención de manera efectiva.

7. Ejemplo de Página de Inicio

Imagina que estás diseñando una página de inicio para una tienda de ropa en línea. Aquí te doy un ejemplo de cómo sería la disposición:

- **Header**:
  - Logo en la esquina izquierda.
  - Menú de navegación con links como "Colección", "Ofertas", "Mi cuenta", "Carrito".
  - Barra de búsqueda en la parte superior central.
- **Hero Section**:
  - Imagen grande de un modelo usando la última colección.
  - Un botón CTA en el centro de la imagen: "Compra ahora" en un color contrastante.
- **Beneficios**:

- o Tres íconos con texto: "Envío gratis", "Devoluciones fáciles", "Compra segura".
- **Productos Destacados**:
  - o Cuadrícula de 3 productos con imágenes, nombres y precios.
- **Testimonios**:
  - o Una sección con citas de clientes satisfechos y sus fotos.
- **Footer**:
  - o Información de contacto, enlaces a políticas y redes sociales.

Evaluación

1. **¿Cuál es el objetivo principal de la página de inicio de un sitio web?**
   a) Proporcionar una gran cantidad de información de inmediato.
   b) Ser visualmente impactante sin importar la funcionalidad.
   c) Guiar al usuario a las acciones principales del sitio (comprar, suscribirse, navegar, etc.).
   d) Incluir todos los productos o servicios disponibles en el sitio.
2. **¿Qué elemento es crucial para mejorar la experiencia de usuario (UX) en una página de inicio?**
   a) Usar colores brillantes en todo el diseño.
   b) Tener una navegación clara y fácil de usar.
   c) Incluir muchos elementos interactivos.
   d) Mostrar solo imágenes y no texto.
3. **En términos de diseño visual, ¿qué se entiende por 'jerarquía visual'?**
   a) El uso de una única fuente en todo el sitio web.
   b) La organización de los elementos en la página para indicar su importancia.
   c) La distribución de todos los colores del sitio web en un solo esquema.
   d) El uso de muchos elementos visuales para captar la atención del usuario.
4. **¿Por qué es importante un diseño de página de inicio responsivo?**
   a) Para que el sitio se vea igual en todas las plataformas sin importar el dispositivo.
   b) Porque los usuarios deben ser capaces de navegar fácilmente en diferentes dispositivos.
   c) Para mostrar la misma cantidad de contenido en cualquier pantalla.
   d) Para mejorar el rendimiento del servidor web.

5. **¿Qué función debe tener un botón de llamada a la acción (CTA) en la página de inicio?**
   a) Ser un color discreto para no llamar la atención.
   b) Estar ubicado en cualquier parte de la página.
   c) Ser claro, visible y llevar al usuario a realizar una acción (compra, suscripción, etc.).
   d) Ser oculto para que los usuarios lo descubran por sí mismos.
6. **La jerarquía visual es importante para guiar al usuario hacia las partes más importantes de la página.**
   - o Falso
   - o Verdadero
7. **El diseño de una página de inicio debe ser tan recargado como sea posible para captar la atención del usuario.**
   - o Falso
   - o Verdadero

8. **Una página de inicio debe ser fácil de navegar, y todos los enlaces deben ser accesibles desde el menú de navegación.**
   - ○ Falso
   - ○ Verdadero
9. **El contraste entre el texto y el fondo es irrelevante para la accesibilidad de la página.**
   - ○ Falso
   - ○ Verdadero
10. **Un diseño responsivo garantiza que una página de inicio se adapte a diferentes tamaños de pantalla, como móviles y tabletas.**
   - ○ Falso
   - ○ Verdadero

Actividad de refuerzo en casa (tarea):

____

____

____

____

Recuperación: ▭   ▭

____

___

Rubrica

INDICADORES				
	DOMINA	ALCANZA	EN PROCESO	NO ALCANZA
CRITERIO	10 - 9	8 - 7	6 - 4	3 - 0
1. Comprensión Teórica	El estudiante domina el contenido de la temática.	El estudiante comprende el contenido de la temática.	El estudiante comprende medianamente el contenido de la temática.	El estudiante no alcanza a comprender el contenido de la temática.
2. Comprensión Práctica	El estudiante cumple a cabalidad con el desarrollo práctico del tema.	El estudiante cumple con el desarrollo práctico del tema.	El estudiante realiza medianamente el desarrollo práctico del tema.	El estudiante no alcanza a realizar el desarrollo práctico del tema.
3. Redacción y Ortografía.	El contenido está escrito correctamente, distribuido en párrafos, y utiliza adecuadamente las reglas de ortografía.	La mayor parte del texto está escrito correctamente, existen dos o tres errores ortográficos.	El texto presenta algunos errores de coherencia y cohesión, existen cuatro o cinco errores ortográficos.	El texto presenta demasiados errores de coherencia y cohesión, existen más de seis errores ortográficas.
4. Organización y Bibliografía.	El contenido presenta organización en una secuencia lógica que facilita su comprensión. Todas las fuentes de información están incorporadas y ordenadas adecuadamente.	La secuencia del contenido es lógica, pero tiene algunas ideas incompletas. La bibliografía está incompleta pero ordenada.	El texto tiene fallas en la secuencia lógica que impiden comprenderlo completamente. La bibliografía es escasa, pero está ordenada.	El contenido está desorganizado y es muy difícil seguir la secuencia de ideas. No incluye bibliografía.

INDICADORES				
	DOMINA	ALCANZA	EN PROCESO	NO ALCANZA
CRITERIO	10 - 9	8 - 7	6 - 4	3 - 0
1. Comprensión Teórica				
2. Comprensión Práctica				
3. Redacción y Ortografía.				
4. Organización y Bibliografía.				

Observación:____

____

____

____

Actividad 7

1. Investigación de la Empresa o Proyecto Web Ficticio

Antes de empezar a diseñar un logotipo, es esencial comprender el propósito y la identidad del proyecto o empresa ficticia. Algunas preguntas a considerar:

- **¿Cuál es el objetivo del proyecto o empresa?** (por ejemplo, ¿es una tienda en línea, una plataforma educativa, una agencia de marketing, etc.?)
- **¿Quién es el público objetivo?** (jóvenes, adultos, empresas, etc.)
- **¿Qué valores quiere transmitir la empresa?** (innovación, confianza, sostenibilidad, tecnología, creatividad, etc.)
- **¿Cómo se posiciona frente a sus competidores?** (por ejemplo, si es un competidor en un sector ya saturado, ¿cómo se diferencia?)

2. Conceptualización

Basándote en la investigación, crea un concepto para el logotipo. Algunas estrategias para esto:

- **Usar el nombre de la empresa** como base para la tipografía.
- **Incorporar un símbolo** que represente lo que la empresa o proyecto hace (por ejemplo, un carrito de compras para una tienda en línea, un libro para una plataforma educativa).
- **Definir un estilo visual**: ¿El logotipo debe ser moderno, clásico, minimalista, o más complejo?
- **Paleta de colores**: Considera qué colores pueden comunicar mejor los valores de la marca. Los colores como el azul pueden transmitir confianza, el verde puede asociarse con sostenibilidad, el rojo con energía y pasión, etc.

3. Diseño del Logotipo

- **Tipografía**: Si decides incluir texto en el logotipo, elige una tipografía que sea legible y apropiada para la marca. Las tipografías sans-serif suelen ser modernas y limpias, mientras que las serif pueden ser más clásicas y formales.
- **Iconografía**: Crea un icono o símbolo que sea sencillo, pero representativo de la empresa. Recuerda que el logotipo debe ser escalable, es decir, debe verse bien tanto en un tamaño pequeño (como un ícono de aplicación) como en un tamaño grande (como en un cartel publicitario).
- **Composición**: El logotipo debe funcionar bien en diferentes aplicaciones, por lo que debes asegurarte de que sea flexible. Considera la posibilidad de tener versiones del logotipo que funcionen bien en fondos claros y oscuros.
- **Colores**: Elige una paleta de colores que sea coherente con la personalidad de la marca. Limita el número de colores para mantener el diseño simple y reconocible. Usa herramientas como **Coolors** o **Adobe Color** para generar combinaciones armónicas de colores.

4. Refinamiento y Ajustes

Después de crear el primer boceto, es importante **refinar el diseño**:

- Ajusta el tamaño y la posición de los elementos para que haya una buena proporción y balance.
- Asegúrate de que el logotipo sea claro incluso en tamaños pequeños.
- Prueba el logotipo en diferentes fondos (claro, oscuro, con texturas) para asegurarte de que se vea bien en cualquier contexto.

5. Pruebas y Feedback

Realiza algunas pruebas con otros para ver si el logotipo es comprensible y atractivo. Pregunta a otras personas sobre lo que piensan al ver el logotipo, si entienden el propósito de la empresa o proyecto, y si se sienten atraídas por él.

6. Herramientas para Crear el Logotipo

- **Figma**: Herramienta gratuita y colaborativa para diseñar logotipos y otros elementos gráficos.

- **Adobe Illustrator**: Programa profesional de diseño vectorial muy popular para la creación de logotipos.
- **Canva**: Herramienta más accesible, ideal para diseñadores principiantes.

Actividad Práctica: Creación de un Logotipo para un Proyecto Web Ficticio
Instrucciones
1. **Creación del Proyecto Ficticio**: Imagina una empresa o proyecto web ficticio. Define su propósito, audiencia, valores y cómo quieres que se perciba.
   - Nombre de la empresa/proyecto.
   - Descripción de lo que hace.
   - Público objetivo.
   - Valores de la marca (innovación, confianza, diversión, etc.).
2. **Desarrolla el Concepto del Logotipo**:
   - Piensa en cómo el nombre y la misión de la empresa se reflejarán en el logotipo. ¿Será solo tipográfico, o incluirás un ícono o símbolo?
   - Elige una paleta de colores que se alinee con la identidad de la empresa.
3. **Diseño del Logotipo**:
   - Utiliza una herramienta de diseño (como Figma, Adobe Illustrator, o Canva) para crear tu logotipo.
   - Crea varias versiones si es necesario: una con el nombre de la empresa, otra solo con el símbolo, etc.
   - Asegúrate de que el logotipo sea legible y funcione en diferentes tamaños.
4. **Presentación y Justificación**:
   - Presenta tu logotipo junto con una pequeña justificación de tu proceso de diseño. Explica por qué elegiste la tipografía, los colores, y los elementos gráficos, y cómo estos reflejan la identidad y los valores de la empresa.

1. **¿Qué es lo más importante a la hora de diseñar un logotipo?**
   a) La cantidad de colores utilizados.
   b) Que sea reconocible y represente bien a la marca.
   c) Incluir el máximo número posible de elementos visuales.
   d) Usar fuentes decorativas para hacerlo atractivo.

2. **¿Cuál de los siguientes colores se asocia comúnmente con la confianza y la profesionalidad?**
   a) Naranja
   b) Azul
   c) Rojo
   d) Verde

3. **¿Qué característica es esencial para un logotipo bien diseñado?**
   a) Debe ser complicado y detallado.
   b) Debe ser único, simple y fácilmente reconocible.
   c) Debe usar muchas fuentes tipográficas.
   d) Debe cambiar de forma según el contexto.

4. **El logotipo debe ser flexible y funcionar bien tanto en tamaños pequeños como grandes.**
   - Verdadero
   - Falso
5. **Un buen logotipo debe ser complicado para captar la atención del usuario.**
   - Verdadero
   - Falso
6. **La tipografía es un elemento clave en el diseño de un logotipo, ya que puede influir en la percepción de la marca.**
   - Verdadero
   - Falso

Actividad de refuerzo en casa (tarea):

____

____

____

____

Recuperación: ☐   ☐

____

___

Rubrica

	INDICADORES			
	DOMINA	ALCANZA	EN PROCESO	NO ALCANZA
CRITERIO	10 - 9	8 - 7	6 - 4	3 - 0
1. Comprensión Teórica	El estudiante domina el contenido de la temática.	El estudiante comprende el contenido de la temática.	El estudiante comprende medianamente el contenido de la temática.	El estudiante no alcanza a comprender el contenido de la temática.
2. Comprensión Práctica	El estudiante cumple a cabalidad con el desarrollo práctico del tema.	El estudiante cumple con el desarrollo práctico del tema.	El estudiante realiza medianamente el desarrollo práctico del tema.	El estudiante no alcanza a realizar el desarrollo práctico del tema.
3. Redacción y Ortografía.	El contenido está escrito correctamente, distribuido en párrafos, y utiliza adecuadamente las reglas de ortografía.	La mayor parte del texto está escrito correctamente, existen dos o tres errores ortográficos.	El texto presenta algunos errores de coherencia y cohesión, existen cuatro o cinco errores ortográficos.	El texto presenta demasiados errores de coherencia y cohesión, existen más de seis errores ortográficas.
4. Organización y Bibliografía.	El contenido presenta organización en una secuencia lógica que facilita su comprensión. Todas las fuentes de información están incorporadas y ordenadas adecuadamente.	La secuencia del contenido es lógica, pero tiene algunas ideas incompletas. La bibliografía está incompleta pero ordenada.	El texto tiene fallas en la secuencia lógica que impiden comprenderlo completamente. La bibliografía es escasa, pero está ordenada.	El contenido está desorganizado y es muy difícil seguir la secuencia de ideas. No incluye bibliografía.

	INDICADORES			
	DOMINA	ALCANZA	EN PROCESO	NO ALCANZA
CRITERIO	10 - 9	8 - 7	6 - 4	3 - 0
1. Comprensión Teórica				
2. Comprensión Práctica				
3. Redacción y Ortografía.				
4. Organización y Bibliografía.				

Observación:____
____
____
____

Segundo Trimestre

Objetivo: Diseñar y construir soluciones web de nivel intermedio con interfaz amigable, empleando herramientas multimedia que permitan promocionar la información e imagen de una organización y/o cliente.

Actitudes, valores y normas

- Mostrar interés e iniciativa en la proposición de ideas que permitan generar soluciones web de acuerdo a los requerimientos del usuario u organización.
- Tener una actitud propositiva para aportar con ideas creativas e innovadoras, respetando los derechos de autoría y aplicando normas, estándares y especificaciones técnicas.
- Mostrar interés por mantenerse actualizado en temas relacionados con el diseño y desarrollo de soluciones web.

Profesor

- Expone teóricamente los conceptos, hechos y procedimientos más relevantes de la unidad.
- Resuelve ejercicios en la pizarra o computador
- Da instrucciones para que los estudiantes realicen el trabajo.
- Revisa los ejercicios que los estudiantes hacen en la pizarra o computador.
- Realiza el refuerzo en los temas.
- Envía ejercicios de la tarea.
- Explica las actividades de refuerzo.

Estudiante

- Atienden la exposición del profesor y exponen los comentarios o dudas que le surjan.
- Realizan los ejercicios.
- Escuchan las instrucciones dadas por el profesor.
- Analizan detenidamente los enunciados de los ejercicios.
- Realizan los ejercicios en el cuaderno de borrador o computador.
- Salen a la pizarra a realizar los ejercicios.

Seguimiento de la actividad:

- Resuelve dudas y realiza aclaraciones o peticiones de más información.
- Orienta el trabajo para que se creen situaciones deseadas.
- Observa el trabajo, estimula y aclara dudas.
- Observa y corrige los ejercicios de la pizarra y computador.
- Realiza en seguimientos individual en el trabajo de los estudiantes

Evaluación:

- Participación activamente en la clase.
- Realización de ejercicios en la pizarra, computador y actividades del módulo.

Metodologías, estrategia y técnicas de aprendizaje:

- Aprendizaje basado en proyectos
- Lectura comentada
- Exposición
- Aula invertida

- o Aprendizaje cooperativo
- o Debates
- o Ejercicios prácticos

Definición de la Jerarquía Visual

La **jerarquía visual** es el principio que determina qué elementos deben captar más atención y qué elementos deben ser secundarios. Esta organización es clave para guiar al usuario en su recorrido por la página y facilitar su interacción con el contenido. Existen varias maneras de establecer la jerarquía visual, basadas en diferentes factores:

- **Tamaño**: Los elementos más grandes tienden a captar más atención.
- **Color**: Los colores brillantes o contrastantes suelen atraer más la atención que los colores más suaves.
- **Contraste**: Los elementos que tienen un alto contraste (por ejemplo, texto oscuro sobre fondo claro) son más fáciles de leer y captar.
- **Espacio en blanco**: El espacio vacío alrededor de los elementos crea un enfoque visual, lo que permite que los elementos más importantes se destaquen.
- **Posición**: Los elementos ubicados en la parte superior y a la izquierda suelen recibir más atención.
- **Tipografía**: El uso de diferentes tamaños y estilos de fuente ayuda a establecer una jerarquía de lectura.

2. Principales Elementos de la Página Web y su Jerarquización

a) Encabezados (Headings)

Los encabezados son uno de los elementos más importantes para organizar y guiar el contenido de una página web. Deben establecer una clara **jerarquía de la información**.

- **H1 (Encabezado principal)**: Es el título principal de la página y debe ser el más prominente. En general, cada página debe tener solo un H1, que represente el tema central del contenido.
- **H2 (Subtítulos)**: Se usan para secciones secundarias del contenido. Son importantes para estructurar la información y permitir que los usuarios escaneen la página fácilmente.
- **H3, H4, etc.**: Se utilizan para sub-secciones dentro de un H2 y continúan la jerarquización en niveles más bajos.

Consejo: Usa los encabezados para ayudar a los usuarios a navegar por el contenido. El H1 debe ser lo más destacado en la página, mientras que los H2 y H3 deben organizar el contenido de manera lógica y comprensible.

b) Botones de Llamada a la Acción (CTA)

Los botones de llamada a la acción (CTA) son esenciales para guiar al usuario hacia las acciones que deseas que realice (por ejemplo, "Comprar ahora", "Suscríbete", "Ver más"). Estos botones deben destacarse visualmente para que los usuarios los identifiquen rápidamente.

- **Ubicación**: Coloca los botones de CTA en lugares estratégicos, como al final de un artículo, en la parte superior de la página o cerca de las secciones más importantes (por ejemplo, cerca del Hero Section).
- **Color**: Utiliza un color que contraste con el resto de la página, pero que siga siendo coherente con la paleta de colores del sitio.

- **Tamaño**: Los botones deben ser lo suficientemente grandes para ser fácilmente clicables, pero no tanto como para que desentonen con el diseño general.

Consejo: Los botones deben ser claros y directos, y su texto debe indicar claramente qué acción se espera (por ejemplo, "Comienza ahora" en lugar de "Haz clic aquí").

c) Imágenes y Elementos Visuales

Las imágenes son muy poderosas para atraer la atención, pero también pueden distraer si no se usan correctamente. La clave es que las imágenes apoyen el mensaje o la acción que deseas que el usuario tome.

- **Tamaño y posición**: Las imágenes grandes (por ejemplo, en la Hero Section) atraen la atención, mientras que las imágenes pequeñas o secundarias pueden usarse para complementar la información.
- **Alineación**: Asegúrate de que las imágenes estén bien alineadas con el texto o los elementos de la página. Las imágenes desalineadas o que rompen la estructura pueden hacer que el diseño se vea desordenado.

Consejo: Utiliza imágenes para complementar el contenido, no para llenar espacio. Las imágenes deben estar relacionadas con el propósito de la página y apoyar la narrativa visual del sitio web.

d) Texto y Tipografía

La tipografía desempeña un papel crucial en la jerarquía visual. El tamaño, el peso y el color de la fuente ayudan a guiar al usuario a través de la página.

- **Tamaño**: Usa un tamaño de fuente mayor para los títulos (H1, H2, H3) y un tamaño más pequeño para el cuerpo del texto.
- **Contraste**: El texto debe contrastar claramente con el fondo para facilitar la lectura (por ejemplo, texto oscuro sobre un fondo claro).
- **Espaciado**: Un espaciado adecuado entre párrafos y líneas mejora la legibilidad. No sobrecargues la página con bloques grandes de texto.

Consejo: Mantén la tipografía simple y fácil de leer. Limita el uso de fuentes decorativas y asegura que las fuentes sean legibles en dispositivos móviles.

3. Estrategias para Mejorar la Usabilidad a Través de la Jerarquía Visual

a) Diseño "F"-Forma

El diseño de una página web debe tener en cuenta cómo los usuarios leen en línea. Se ha demostrado que los usuarios tienden a leer las páginas en una forma de "F", es decir:

- Primero leen horizontalmente a través de la parte superior (encabezados, CTA, etc.).
- Luego bajan en forma vertical por la columna izquierda (generalmente donde se encuentran los puntos más importantes).

Esto implica que los elementos más importantes deben estar alineados a la izquierda y en la parte superior.

b) Espacio en Blanco

El espacio en blanco (también conocido como espacio negativo) es clave para una buena jerarquía visual. Ayuda a:

- **Destacar los elementos importantes**.
- **Mejorar la legibilidad**.
- **Proveer una sensación de orden y limpieza**.

Usar suficiente espacio en blanco alrededor de los elementos hace que la página sea más fácil de leer y navegar, lo que mejora la experiencia del usuario.

c) Consistencia

Mantén un diseño coherente en toda la página. Los usuarios deben poder predecir la ubicación y el comportamiento de los elementos interactivos (botones, enlaces, menús) para mejorar la navegación. Si un enlace o botón tiene un color específico, debe seguir siendo el mismo a lo largo de todo el sitio.

d) Pruebas de Usabilidad

Realizar pruebas de usabilidad es esencial para verificar que la jerarquía visual sea efectiva. Puedes pedir a los usuarios que realicen tareas en la página y observar cómo interactúan con los elementos. Pregunta si encuentran fácilmente lo que necesitan y si tienen alguna dificultad para navegar por la página.

Evaluación

1. **¿Qué es la jerarquía visual en diseño web?**
   a) La disposición aleatoria de los elementos en la página web.
   b) La organización y el diseño de los elementos para que los usuarios puedan identificar fácilmente las partes más importantes de la interfaz.
   c) El uso de solo un color en el diseño de la página web.
   d) El uso de múltiples tipografías en una sola página.
   puedan identificar fácilmente las partes más importantes de la interfaz.

2. **¿Cuál es la función principal de los encabezados en una página web?**
   a) Llamar la atención del usuario sobre información irrelevante.
   b) Organizar la información y guiar al usuario a través del contenido.
   c) Crear un diseño más visualmente atractivo.
   d) No es necesario usar encabezados en una página web.

3. **¿Por qué es importante utilizar espacio en blanco (espacio negativo) en una página web?** a) Para hacer que el sitio web se vea más desordenado y lleno de contenido.
   b) Para destacar los elementos importantes, mejorar la legibilidad y proporcionar una sensación de orden y limpieza.
   c) Para llenar el espacio vacío en el diseño.
   d) Porque es un requisito obligatorio en todos los sitios web.

4. **¿Qué elemento visual ayuda a guiar al usuario a la acción deseada en una página web?**
   a) Las imágenes de fondo.
   b) Los botones de llamada a la acción (CTA).
   c) Los enlaces de texto sin formato.
   d) La cantidad de texto en la página.

5. **¿Dónde debería estar ubicado un botón de llamada a la acción (CTA) para garantizar una alta tasa de conversión?**
   a) En cualquier parte de la página.
   b) En la parte inferior de la página.
   c) En un lugar prominente y fácil de localizar, como cerca de los encabezados o en la Hero Section.
   d) Solo al final del contenido.

6. **El contraste entre el texto y el fondo es fundamental para mejorar la legibilidad y la accesibilidad en un sitio web.**
   - Verdadero
   - Falso

7. **El tamaño de la tipografía no afecta la jerarquía visual de una página web.**
   - Verdadero
   - Falso

8. **Los encabezados deben usarse de manera lógica para estructurar el contenido de la página, comenzando con H1 como el título principal y luego H2, H3, etc., para subsecciones.**

- o Verdadero
- o Falso

9. **Usar colores brillantes en toda la página web mejora la experiencia de navegación.**
   - o Verdadero
   - o Falso

10. **El espacio en blanco (espacio negativo) es una herramienta útil en el diseño web porque mejora la usabilidad al reducir el desorden visual.**
    - o Verdadero
    - o Falso

Actividad de refuerzo en casa (tarea):

____

____

____

Recuperación: ☐   ☐

____

Rubrica

	INDICADORES			
	DOMINA	ALCANZA	EN PROCESO	NO ALCANZA
CRITERIO	10 - 9	8 - 7	6 - 4	3 - 0
1. Comprensión Teórica	El estudiante domina el contenido de la temática.	El estudiante comprende el contenido de la temática.	El estudiante comprende medianamente el contenido de la temática.	El estudiante no alcanza a comprender el contenido de la temática.
2. Comprensión Práctica	El estudiante cumple a cabalidad con el desarrollo práctico del tema.	El estudiante cumple con el desarrollo práctico del tema.	El estudiante realiza medianamente el desarrollo práctico del tema.	El estudiante no alcanza a realizar el desarrollo práctico del tema.
3. Redacción y Ortografía.	El contenido está escrito correctamente, distribuido en párrafos, y utiliza adecuadamente las reglas de ortografía.	La mayor parte del texto está escrito correctamente, existen dos o tres errores ortográficos.	El texto presenta algunos errores de coherencia y cohesión, existen cuatro o cinco errores ortográficos.	El texto presenta demasiados errores de coherencia y cohesión, existen más de seis errores ortográficas.
4. Organización y Bibliografía.	El contenido presenta organización en una secuencia lógica que facilita su comprensión. Todas las fuentes de información están incorporadas y ordenadas adecuadamente.	La secuencia del contenido es lógica, pero tiene algunas ideas incompletas. La bibliografía está incompleta pero ordenada.	El texto tiene fallas en la secuencia lógica que impiden comprenderlo completamente. La bibliografía es escasa, pero está ordenada.	El contenido está desorganizado y es muy difícil seguir la secuencia de ideas. No incluye bibliografía.

	INDICADORES			
	DOMINA	ALCANZA	EN PROCESO	NO ALCANZA
CRITERIO	10 - 9	8 - 7	6 - 4	3 - 0
1. Comprensión Teórica				
2. Comprensión Práctica				
3. Redacción y Ortografía.				
4. Organización y Bibliografía.				

Observación:____
____
____
____

1. Preparación y Planificación

Antes de comenzar a diseñar, debes tener claro el propósito y la estructura de la página web que vas a diseñar.

1. **Define el tipo de página web**: ¿Es una tienda en línea, una página de presentación, un blog o una plataforma de servicios?
2. **Estructura básica**: Decide los elementos principales que debería tener la página:
   - **Cabecera (Header)**: Logo, navegación principal, barra de búsqueda.
   - **Hero Section**: Una imagen destacada con un título, subtítulo y botones de llamada a la acción (CTA).
   - **Secciones de contenido**: Por ejemplo, servicios, testimonios, productos, noticias, etc.
   - **Pie de página (Footer)**: Información de contacto, enlaces adicionales, redes sociales.

2. Crear un Nuevo Archivo en Figma

1. Abre **Figma** y haz login con tu cuenta.
2. En el panel principal, haz clic en **New File** para crear un nuevo documento.
3. Establece las dimensiones de tu lienzo. Para una página web estándar, puedes usar una resolución común de **1440px de ancho x 1024px de alto**.

3. Diseño del Layout

A. Cabecera (Header)

1. **Dibuja un rectángulo** en la parte superior del lienzo para representar la cabecera. Asegúrate de que tenga un buen contraste con el fondo para destacarse.
2. **Logo**: Usa una herramienta de texto (T) para crear el nombre de la empresa o cargar un logo desde tu computadora. Colócalo a la izquierda de la cabecera.
3. **Menú de navegación**: Usa texto (T) para crear elementos de menú como "Inicio", "Servicios", "Sobre nosotros", "Contacto". Colócalos de manera horizontal a la derecha o en una alineación centrada según el estilo que desees.
4. **Barra de búsqueda o CTA**: Si tu página requiere una barra de búsqueda, dibuja un campo rectangular y añádele un ícono de lupa o el texto "Buscar".

B. Hero Section

1. Crea una **gran imagen de fondo** en la parte superior de la página, utilizando un rectángulo grande. Puedes cargar una imagen real desde la biblioteca de Figma o colocar una imagen de muestra.
2. **Texto principal (H1)**: Agrega un título destacado en el centro del hero (por ejemplo, "Bienvenido a nuestra tienda").
3. **Subtítulo (H2)**: Debajo del título, agrega una descripción más pequeña que complemente el mensaje principal.
4. **Botón de CTA**: Crea un botón grande con texto (por ejemplo, "Comienza ahora") que dirija a la acción principal (puedes darle un color contrastante y agregar bordes redondeados para hacerlo más atractivo).

C. Secciones de Contenido

1. **Servicios / Productos**:
   - Usa un **grid** o **tarjetas** para mostrar los productos o servicios. Un buen diseño de productos sería utilizar imágenes con descripciones breves y precios. Puedes agregar íconos o imágenes y, a continuación, un texto con el nombre del servicio/producto.
   - Organiza esta sección en **columnas** o **filas** utilizando la opción de **Auto Layout** de Figma para crear una estructura flexible.

2. **Testimonios**:
   - Crea un área con citas de clientes o testimonios. Utiliza imágenes de perfiles de personas y texto para simular comentarios.
   - Organiza los testimonios de manera atractiva y visualmente equilibrada.
3. **Noticias / Blog**:
   - Si es una página de blog, puedes mostrar las publicaciones con miniaturas (imágenes pequeñas) y títulos. Utiliza rectángulos y texto para esto.

D. Pie de Página (Footer)
1. **Información de contacto**: En el pie de página, agrega texto con la dirección de contacto, correo electrónico, teléfono, etc.
2. **Redes sociales**: Usa iconos de redes sociales (Facebook, Twitter, Instagram) alineados de manera horizontal o vertical.
3. **Enlaces secundarios**: Agrega enlaces a páginas adicionales como "Política de privacidad", "Términos y condiciones", etc.

4. Diseño Responsivo (Opcional)
Si quieres hacer un diseño que sea responsivo, puedes agregar más artboards en Figma para simular cómo se verá el sitio en **tablet** y **móviles**. Para esto:
- Duplica tu diseño y ajusta el ancho del lienzo a una resolución menor.
- Rediseña algunos elementos para que se adapten mejor a pantallas más pequeñas (por ejemplo, menú hamburguesa, columnas en fila única, etc.).

5. Uso de Auto Layout y Componentes
- Utiliza la herramienta de **Auto Layout** en Figma para hacer que los elementos se ajusten automáticamente. Esto te permitirá reorganizar los elementos sin perder la estructura.
- Usa **componentes** para los botones, barras de navegación y otros elementos repetitivos. Esto te permitirá reutilizar estos elementos en diferentes partes del diseño sin tener que redibujarlos.

6. Prototipado (Opcional)
Si deseas que tu mockup sea interactivo, puedes usar la herramienta de **Prototipo** en Figma para vincular las diferentes secciones y mostrar cómo el usuario navegaría en el sitio.
1. Selecciona el **Botón de CTA** y vincúlalo con una nueva pantalla (por ejemplo, la página de "Productos").
2. Haz lo mismo con otros botones, como el menú de navegación.

7. Compartir y Exportar el Mockup
Una vez que tu diseño esté listo, puedes compartir el archivo con otros usando el enlace para colaboración en tiempo real, o exportarlo como imágenes o PDF.
1. **Exportar**: Selecciona los elementos que quieras exportar y haz clic en "Export" en la parte inferior derecha. Puedes exportar imágenes PNG, JPG o SVG.
2. **Compartir**: Haz clic en el botón de "Compartir" para obtener un enlace que puedes enviar a otros.

1. **¿Qué es un mockup en diseño web?**
   a) Un diseño completamente funcional y codificado de una página web.
   b) Un prototipo interactivo que permite navegar por las secciones de una página.
   c) Una representación visual estática de cómo se verá una página web, sin

interacción.

d) Un conjunto de líneas de código que define la estructura de la página web.

2. **¿Cuál de las siguientes herramientas de Figma es más útil para crear un diseño responsive para diferentes tamaños de pantalla?**
   a) Auto Layout
   b) Variantes
   c) Frames
   d) Prototipo

3. **En un mockup de página web, ¿dónde suele ubicarse el menú de navegación principal?**
   a) En el pie de página.
   b) En la parte superior (cabecera) o en una barra lateral.
   c) En el centro de la página.
   d) Solo al final del contenido.

4. **¿Cuál es la función principal del "Hero Section" en una página web?**
   a) Mostrar los productos o servicios más vendidos.
   b) Actuar como la primera sección visualmente llamativa para captar la atención de los usuarios.
   c) Proporcionar información detallada sobre la empresa.
   d) Mostrar los testimonios de clientes.

5. **¿Por qué es importante usar un sistema de cuadrícula (grid system) en el diseño de una página web en Figma?**
   a) Para garantizar que el diseño se vea desordenado y menos organizado.
   b) Para crear una alineación y disposición coherente de los elementos visuales.
   c) Para ahorrar tiempo sin necesidad de usar herramientas adicionales.
   d) Para hacer que el diseño sea más colorido.

6. **El uso de Auto Layout en Figma permite que los elementos se ajusten automáticamente según el contenido y el tamaño de la pantalla.**
   Falso
   Verdadero

7. **Un mockup de Figma debe incluir interacciones y animaciones para ser considerado un diseño completo.**
   - Falso
   - Verdadero

8. **Los botones de llamada a la acción (CTA) deben ser ubicados en lugares visibles y estratégicos, como la Hero Section y cerca del contenido clave.**
   - **Falso**
   - **Verdadero**

9. **El pie de página (footer) de una página web suele incluir enlaces secundarios y elementos de contacto.**
   - Falso
   - Verdadero

10. **El diseño de una página web debe tener siempre múltiples fuentes y colores brillantes para llamar la atención.**
    - Falso
    - Verdadero

Actividad de refuerzo en casa (tarea):

____

____

____

Recuperación: ☐   ☐

____

___

Rubrica

CRITERIO	INDICADORES			
	DOMINA	ALCANZA	EN PROCESO	NO ALCANZA
CRITERIO	10 - 9	8 - 7	6 - 4	3 - 0
1. Comprensión Teórica	El estudiante domina el contenido de la temática.	El estudiante comprende el contenido de la temática.	El estudiante comprende medianamente el contenido de la temática.	El estudiante no alcanza a comprender el contenido de la temática.
2. Comprensión Práctica	El estudiante cumple a cabalidad con el desarrollo práctico del tema.	El estudiante cumple con el desarrollo práctico del tema.	El estudiante realiza medianamente el desarrollo práctico del tema.	El estudiante no alcanza a realizar el desarrollo práctico del tema.
3. Redacción y Ortografía.	El contenido está escrito correctamente, distribuido en párrafos, y utiliza adecuadamente las reglas de ortografía.	La mayor parte del texto está escrito correctamente, existen dos o tres errores ortográficos.	El texto presenta algunos errores de coherencia y cohesión, existen cuatro o cinco errores ortográficos.	El texto presenta demasiados errores de coherencia y cohesión, existen más de seis errores ortográficas.
4. Organización y Bibliografía.	El contenido presenta organización en una secuencia lógica que facilita su comprensión. Todas las fuentes de información están incorporadas y ordenadas adecuadamente.	La secuencia del contenido es lógica, pero tiene algunas ideas incompletas. La bibliografía está incompleta pero ordenada.	El texto tiene fallas en la secuencia lógica que impiden comprenderlo completamente. La bibliografía es escasa, pero está ordenada.	El contenido está desorganizado y es muy difícil seguir la secuencia de ideas. No incluye bibliografía.

CRITERIO	INDICADORES			
	DOMINA	ALCANZA	EN PROCESO	NO ALCANZA
CRITERIO	10 - 9	8 - 7	6 - 4	3 - 0
1. Comprensión Teórica				
2. Comprensión Práctica				
3. Redacción y Ortografía.				
4. Organización y Bibliografía.				

Observación:____
____
____
____

Actividad 10

Pasos para Crear un Formulario de Contacto en Figma
1. Preparación Inicial
Antes de comenzar, planifica qué campos necesitas incluir en el formulario. Los campos básicos para un formulario de contacto común suelen ser:
- **Nombre completo** (Texto)
- **Correo electrónico** (Texto)
- **Asunto** (Opcional, puede ser un campo desplegable)
- **Mensaje** (Área de texto)
- **Botón de enviar**

2. Crear un Nuevo Archivo en Figma
1. Abre **Figma** y crea un nuevo archivo.
2. Establece las dimensiones del lienzo para adaptarse a tu diseño. Un tamaño de **1440px x 1024px** es común para una página web de tamaño completo.

3. Diseño del Formulario
A. Caja del Formulario
1. **Dibuja un rectángulo** para el contorno del formulario. Esto será la caja que contendrá todos los campos del formulario.
   - Utiliza la herramienta **Rectangle** (R) y asegúrate de que tenga bordes redondeados (por ejemplo, un radio de 10px) para que se vea más amigable.
   - Ajusta el tamaño según cuántos campos quieras incluir. Un tamaño común sería alrededor de **600px de ancho x 400px de alto**.
2. **Agrega un fondo de color suave** para que el formulario se distinga del fondo de la página. Un color como **#f7f7f7** o **blanco** con sombra de caja puede funcionar bien.

B. Título del Formulario
1. Añade un **título en la parte superior** de la caja, como "Contáctanos" o "Formulario de Contacto".
2. Usa una tipografía clara y fácil de leer, como **Montserrat**, **Arial**, o **Roboto**. Un tamaño de fuente de **24px** y un color como **#333333** son apropiados para el título.

C. Campos del Formulario
1. **Campo de Nombre Completo**:
   - Crea un rectángulo para el campo de entrada (input). Un tamaño común es **500px de ancho x 40px de alto**.
   - Utiliza el texto (T) para agregar el **marco del campo**: "Nombre Completo".
   - Añade una línea o borde delgado de color gris alrededor del campo para simular un campo de entrada real.
   - Asegúrate de que el espacio entre el título "Nombre Completo" y el campo de entrada sea suficiente para crear un diseño limpio y ordenado (alrededor de **15px**).
2. **Campo de Correo Electrónico**:
   - Crea un **campo de texto** similar al del nombre completo, con el texto "Correo Electrónico" encima.

o También puedes agregar un pequeño ícono de sobre al lado del campo, para hacerlo más visualmente atractivo (puedes obtenerlo desde un banco de iconos o dibujarlo en Figma).

3. **Campo de Asunto** (opcional):
   o Si decides incluir un campo de asunto, crea un campo de entrada similar a los anteriores.
   o **Campo desplegable** (opcional): Si quieres que el usuario seleccione un asunto predefinido, utiliza un campo desplegable (un rectángulo con un pequeño triángulo en la parte derecha, simulando un menú desplegable).

4. **Campo de Mensaje**:
   o Para el campo de mensaje, crea un área de texto más grande. Un tamaño común es **500px de ancho x 150px de alto**.
   o Utiliza la herramienta de texto para agregar la etiqueta "Mensaje" encima.
   o Añade un borde delgado alrededor de esta área de texto y asegúrate de dejar suficiente espacio para que el usuario pueda escribir.

D. Botón de Enviar

1. Crea un botón rectangular al final del formulario.
   o Usa un color llamativo como **#007BFF** para que se distinga del resto del formulario.
   o Escribe "Enviar" en el botón usando texto claro y asegúrate de que el texto sea legible. Un tamaño de **16px-18px** para el texto debería ser adecuado.
   o Añade bordes redondeados de aproximadamente **5px** para darle un toque más moderno.

4. Estilos y Detalles

- **Colores y Sombra**: Agrega sombras sutiles al formulario para darle más profundidad. Puedes agregar una sombra como **rgba(0, 0, 0, 0.1)** con un desplazamiento de 0px 4px 6px.
- **Espaciado**: Asegúrate de que todos los campos del formulario tengan suficiente espacio entre ellos (aproximadamente 20px), lo que mejora la legibilidad y la facilidad de uso.
- **Estado de los Campos**: Si deseas simular cómo se verá el formulario cuando un usuario hace clic en los campos, puedes cambiar el borde a un color más oscuro, como **#0056b3** (azul más oscuro).

5. Prototipado (Opcional)

Si deseas que tu formulario sea interactivo y simule cómo funcionaría en un entorno real, puedes usar la funcionalidad de **prototipado** de Figma:

1. **Interactividad**: Puedes agregar interacciones como la transición a una página de "Gracias" o "Enviado" después de hacer clic en el botón de enviar.
2. **Errores de Validación**: También puedes diseñar estados de error (por ejemplo, si falta llenar un campo obligatorio).

6. Exportar y Compartir

Una vez que hayas terminado el diseño de tu formulario de contacto, puedes exportarlo para compartirlo con otras personas o usarlo en un proyecto web.

1. **Exportar**: Selecciona todo el diseño del formulario y haz clic en **Export** en la parte inferior derecha. Elige exportar como PNG o SVG.
2. **Compartir**: Si deseas compartir el diseño para colaboración, haz clic en **Compartir** y crea un enlace que puedas enviar a otros.

Ejemplo Visual (Texto)
Formulario de Contacto (Texto)

Consejos Finales

- **Accesibilidad**: Asegúrate de que los campos sean accesibles, como asegurarte de que haya suficiente contraste entre el texto y el fondo. Agregar etiquetas adecuadas para cada campo es esencial para los lectores de pantalla.
- **Claridad**: Utiliza un diseño limpio y claro. No sobrecargues el formulario con demasiados campos o detalles innecesarios.
- **CTA (Call to Action)**: El botón de "Enviar" debe ser lo suficientemente prominente para que los usuarios sepan qué acción tomar.

Evaluación

1. **¿Cuál es la función principal de un formulario de contacto en un sitio web?**
   a) Permitir a los usuarios registrarse en el sitio.
   b) Facilitar la comunicación entre los usuarios y los administradores o propietarios del sitio.
   c) Recoger información sobre las compras realizadas en el sitio.
   d) Mostrar las redes sociales de la empresa.

2. **¿Cuál de los siguientes campos es esencial en un formulario de contacto?**
   a) Nombre del producto
   b) Dirección de facturación
   c) Nombre completo del usuario
   d) Preferencias de compra

3. **En el diseño de un formulario de contacto, ¿qué tamaño debería tener un campo de entrada de texto para el correo electrónico?**
   a) Un campo pequeño de 150px de ancho.
   b) Un campo grande de 600px de ancho.
   c) Un campo de 300px de ancho para adaptarse a las pantallas.
   d) No hay tamaño estándar.

4. **¿Qué se entiende por "campo de entrada" en un formulario de contacto?**
   a) Un área donde se muestra el título del formulario.
   b) Un área donde el usuario puede escribir información como su nombre o

correo electrónico.

c) Un espacio donde se colocan los botones.

d) Un espacio de imagen para mostrar la empresa.

5. **¿Por qué es importante que el botón de "Enviar" de un formulario de contacto sea prominente?**

    a) Para que el formulario no se vea vacío.

    b) Porque es el botón principal que los usuarios deben presionar para enviar sus mensajes.

    c) Para hacer que el formulario sea más estético.

    d) Para incluir más detalles sobre la empresa.

6. **El campo de correo electrónico en un formulario de contacto debe permitir solo caracteres que sean válidos para una dirección de correo electrónico.**

    o Verdadero

    o Falso

7. **El campo de "Asunto" en un formulario de contacto es obligatorio en todos los casos.**

    o Verdadero

    o Falso

8. **Es recomendable que los campos de un formulario de contacto tengan un borde visible para indicar claramente dónde se debe ingresar información.**

    o Verdadero

    o Falso

9. **Un formulario de contacto debería incluir una opción de "Captcha" para evitar el envío de spam.**

    o Verdadero

    o Falso

10. **El botón de "Enviar" debe ser pequeño y discreto para no distraer al usuario.**

    o Verdadero

    o Falso

Actividad de refuerzo en casa (tarea):

____

____

____

Recuperación: ☐   ☐

____

___

Rubrica

	INDICADORES			
	DOMINA	ALCANZA	EN PROCESO	NO ALCANZA
CRITERIO	10 - 9	8 - 7	6 - 4	3 - 0
1. Comprensión Teórica	El estudiante domina el contenido de la temática.	El estudiante comprende el contenido de la temática.	El estudiante comprende mediamente el contenido de la temática.	El estudiante no alcanza a comprender el contenido de la temática.
2. Comprensión Práctica	El estudiante cumple a cabalidad con el desarrollo práctico del tema.	El estudiante cumple con el desarrollo práctico del tema.	El estudiante realiza medianamente el desarrollo práctico del tema.	El estudiante no alcanza a realizar el desarrollo práctico del tema.
3. Redacción y Ortografía.	El contenido está escrito correctamente, distribuido en párrafos, y utiliza adecuadamente las reglas de ortografía.	La mayor parte del texto está escrito correctamente, existen dos o tres errores ortográficos.	El texto presenta algunos errores de coherencia y cohesión, existen cuatro o cinco errores ortográficos.	El texto presenta demasiados errores de coherencia y cohesión, existen más de seis errores ortográficas.
4. Organización y Bibliografía.	El contenido presenta organización en una secuencia lógica que facilita su comprensión. Todas las fuentes de información están incorporadas y ordenadas adecuadamente.	La secuencia del contenido es lógica, pero tiene algunas ideas incompletas. La bibliografía está incompleta pero ordenada.	El texto tiene fallas en la secuencia lógica que impiden comprenderlo completamente. La bibliografía es escasa, pero está ordenada.	El contenido está desorganizado y es muy difícil seguir la secuencia de ideas. No incluye bibliografía.

	INDICADORES			
	DOMINA	ALCANZA	EN PROCESO	NO ALCANZA
CRITERIO	10 - 9	8 - 7	6 - 4	3 - 0
1. Comprensión Teórica				
2. Comprensión Práctica				
3. Redacción y Ortografía.				
4. Organización y Bibliografía.				

Observación:____

____

____

____

Actividad 11

Creación de una Estructura de Menú de Navegación en HTML y CSS

Elaboración de ensayo

- TITULO DEL ENSAYO:
- AUTOR (ES):
- Resumen:
- Palabras clave:
- Abstract:
- Keywords:
    I.   INTRODUCCIÓN.
    II.   DESARROLLO.
    III.   CONCLUSIONES
- REFERENCIAS BIBLIOGRÁFICAS (en formato APA).

NOTA IMPORTANTE.-La Información de los Ensayos debe contener Resumen, Palabrasclave, Abstract (el mismo resumen pero en idioma ingles), keywords (las palabras clave pero en inglés, siempre y cuando tengan traducción), Introducción, Desarrollo, Conclusiones y Referencias bibliográficas; puede o no contener citas. Las imágenes usadas deben ser anexadas de manera separada al documento que se elaborará en Word, dichas imágenes deberán tener el formato JPEG. Se deberá entregar. La letra a utilizar es arial 12, a 1.5 de espacio. La extensión del documento se solicita que sea entre 5 a 10 carillas, a renglón cerrado.

Estructura Básica en HTML

Primero, vamos a crear la estructura básica de un menú de navegación utilizando **listas no ordenadas** (<ul>) y elementos de lista (<li>). Los enlaces (<a>) dentro de cada lista serán los botones de navegación.

HTML:

```html
<!DOCTYPE html>
<html lang="es">
<head>
  <meta charset="UTF-8">
  <meta name="viewport" content="width=device-width, initial-scale=1.0">
  <title>Menú de Navegación</title>
  <link rel="stylesheet" href="styles.css">
</head>
<body>
  <!-- Contenedor del menú de navegación -->
  <nav>
    <ul class="navbar">
      <li><a href="#inicio">Inicio</a></li>
      <li><a href="#sobre-nosotros">Sobre Nosotros</a></li>
      <li><a href="#servicios">Servicios</a></li>
      <li><a href="#contacto">Contacto</a></li>
    </ul>
  </nav>
</body>
</html>
```

- **<nav>**: Elemento semántico que indica la sección de navegación.

- **<ul>**: Lista desordenada que contendrá los elementos del menú.
- **<li>**: Cada elemento de la lista será un enlace de navegación.
- **<a>**: Enlace que lleva a una sección específica de la página o a otro documento.

2. Estilos CSS

A continuación, vamos a diseñar y estilizar este menú utilizando **CSS**. Queremos que el menú se vea limpio y moderno. Aplicaremos estilos para el fondo, los colores, el espaciado y las interacciones (como los efectos al pasar el cursor sobre los enlaces).

CSS (styles.css):

```css
/* Estilos generales para la página */
body {
    font-family: Arial, sans-serif;
    margin: 0;
    padding: 0;
    background-color: #f4f4f4;
}

/* Estilos para el contenedor del menú de navegación */
nav {
    background-color: #333; /* Fondo oscuro para el menú */
    padding: 10px 0;
}

/* Estilos para la lista de navegación */
ul.navbar {
    list-style-type: none;  /* Elimina los puntos de la lista */
    margin: 0;
    padding: 0;
    display: flex;  /* Hace que los elementos se alineen en una fila */
    justify-content: center; /* Centra el menú en la página */
}

/* Estilos para los elementos de la lista */
ul.navbar li {
    margin: 0 20px;  /* Espacio entre los elementos */
}

/* Estilos para los enlaces del menú */
ul.navbar li a {
    text-decoration: none; /* Elimina el subrayado del enlace */
    color: #fff;  /* Color blanco para el texto */
    font-size: 18px;
    text-transform: uppercase;  /* Hace que los textos estén en mayúsculas */
    padding: 10px 15px;  /* Relleno alrededor del texto */
    display: block;  /* Hace que el enlace ocupe todo el área del <li> */
    border-radius: 5px;  /* Bordes redondeados para los enlaces */
    transition: background-color 0.3s ease;  /* Transición suave para el cambio de color */
}
```

/* Efecto de hover (cuando el usuario pasa el ratón por encima) */
ul.navbar li a:hover {
    background-color: #555; /* Cambia el color de fondo al pasar el ratón */
}

/* Estilos para el enlace activo (opcional) */
ul.navbar li a.active {
    background-color: #007BFF; /* Fondo azul para el enlace activo */
}

JavaScript (Opcional):

```
<script>
    // Obtener todos los enlaces de navegación
    const links = document.querySelectorAll('.navbar a');

    // Agregar el evento de clic a cada enlace
    links.forEach(link => {
        link.addEventListener('click', function() {
            // Eliminar la clase 'active' de todos los enlaces
            links.forEach(link => link.classList.remove('active'));
            // Agregar la clase 'active' al enlace que fue clickeado
            this.classList.add('active');
        });
    });
</script>
```

Evaluación

1. ¿Cuál es la etiqueta HTML que se utiliza para crear un enlace de navegación en un menú?

a) <div>
b) <nav>
c) <a>
d) <button>

2. ¿Qué propiedad CSS se utiliza para eliminar el subrayado de los enlaces?

a) text-decoration: none;
b) text-transform: uppercase;
c) font-size: 16px;
d) border: none;

3. ¿Cómo se puede hacer que los elementos de un menú de navegación se alineen horizontalmente usando CSS?

a) Usando display: block;
b) Usando display: inline;
c) Usando display: flex;
d) Usando list-style-type: none;

4. ¿Qué propiedad de CSS se utiliza para agregar un color de fondo a los enlaces cuando el usuario pasa el ratón sobre ellos?

a) hover
b) background-color
c) font-size
d) border-color

5. ¿Qué etiqueta HTML se utiliza para crear una lista no ordenada que contiene los elementos de un menú?
a) <ol>
b) <li>
c) <ul>
d) <nav>

Actividad de refuerzo en casa (tarea):

____
____
____

Recuperación: ☐   ☐

____

___

Rubrica

	INDICADORES			
	DOMINA	ALCANZA	EN PROCESO	NO ALCANZA
CRITERIO	10 - 9	8 - 7	6 - 4	3 - 0
1. Comprensión Teórica	El estudiante domina el contenido de la temática.	El estudiante comprende el contenido de la temática.	El estudiante comprende medianamente el contenido de la temática.	El estudiante no alcanza a comprender el contenido de la temática.
2. Comprensión Práctica	El estudiante cumple a cabalidad con el desarrollo práctico del tema.	El estudiante cumple con el desarrollo práctico del tema.	El estudiante realiza medianamente el desarrollo práctico del tema.	El estudiante no alcanza a realizar el desarrollo práctico del tema.
3. Redacción y Ortografía.	El contenido está escrito correctamente, distribuido en párrafos, y utiliza adecuadamente las reglas de ortografía.	La mayor parte del texto está escrito correctamente, existen dos o tres errores ortográficos.	El texto presenta algunos errores de coherencia y cohesión, existen cuatro o cinco errores ortográficos.	El texto presenta demasiados errores de coherencia y cohesión, existen más de seis errores ortográficas.
4. Organización y Bibliografía.	El contenido presenta organización en una secuencia lógica que facilita su comprensión. Todas las fuentes de información están incorporadas y ordenadas adecuadamente.	La secuencia del contenido es lógica, pero tiene algunas ideas incompletas. La bibliografía está incompleta pero ordenada.	El texto tiene fallas en la secuencia lógica que impiden comprenderlo completamente. La bibliografía es escasa, pero está ordenada.	El contenido está desorganizado y es muy difícil seguir la secuencia de ideas. No incluye bibliografía.

	INDICADORES			
	DOMINA	ALCANZA	EN PROCESO	NO ALCANZA
CRITERIO	10 - 9	8 - 7	6 - 4	3 - 0
1. Comprensión Teórica				
2. Comprensión Práctica				
3. Redacción y Ortografía.				
4. Organización y Bibliografía.				

Observación:____

____

____

____

Estructura Básica de un Documento HTML

La estructura básica de cualquier documento HTML incluye las siguientes etiquetas esenciales:

- **<html>**: Define el comienzo y el final del documento HTML.
- **<head>**: Contiene información metadatos sobre la página, como el título y las referencias a archivos CSS o JavaScript.
- **<body>**: Es el área donde se coloca todo el contenido visible de la página web.

Aquí tienes un ejemplo de la estructura básica de un archivo HTML:

```html
<!DOCTYPE html>
<html lang="es">
<head>
  <meta charset="UTF-8">
  <meta name="viewport" content="width=device-width, initial-scale=1.0">
  <title>Mi Página Web Simple</title>
</head>
<body>
  <h1>Bienvenido a mi Página Web</h1>
  <p>Esta es una página web simple utilizando HTML.</p>
</body>
</html>
```

2. Creación de Elementos Básicos de HTML

a) Encabezados (<h1>, <h2>, ..., <h6>)

Los encabezados son utilizados para definir títulos de diferentes niveles. Existen seis niveles de encabezados, de <h1> (más importante) a <h6> (menos importante).

```html
<h1>Este es el encabezado principal</h1>
<h2>Este es un subtítulo</h2>
<h3>Este es un subtítulo de nivel 3</h3>
```

b) Párrafos (<p>)

Los párrafos se utilizan para mostrar bloques de texto. Se definen con la etiqueta <p>.

html

Copiar

```html
<p>Este es un párrafo de texto. HTML se utiliza para estructurar contenido en la web.</p>
```

c) Listas

Existen dos tipos de listas en HTML:

- **Listas no ordenadas (<ul>)**: Elementos de lista sin orden numérico. Cada elemento se define con <li>.

html

Copiar

```html
<ul>
  <li>Elemento de lista 1</li>
  <li>Elemento de lista 2</li>
  <li>Elemento de lista 3</li>
</ul>
```

- **Listas ordenadas (<ol>)**: Elementos de lista con un orden numérico. Cada elemento se define también con <li>.

html

Copiar

```html
<ol>
  <li>Primer paso</li>
  <li>Segundo paso</li>
  <li>Tercer paso</li>
</ol>
```

d) Enlaces (<a>)

Los enlaces permiten a los usuarios navegar a otras páginas web o a diferentes secciones dentro de la misma página. Se definen utilizando la etiqueta <a> y se les asigna una URL en el atributo href.

html
Copiar

```html
<a href="https://www.ejemplo.com">Visitar ejemplo.com</a>
```

3. Ejemplo Completo de una Página Web Simple

Con los elementos anteriores, podemos crear una página web simple que contenga encabezados, párrafos, listas y enlaces.

```html
<!DOCTYPE html>
<html lang="es">
<head>
  <meta charset="UTF-8">
  <meta name="viewport" content="width=device-width, initial-scale=1.0">
  <title>Mi Página Web Simple</title>
</head>
<body>
  <!-- Encabezado principal -->
  <h1>Bienvenido a mi Página Web</h1>

  <!-- Párrafo de texto -->
  <p>Esta es una página web simple utilizando HTML. A continuación, te mostraré algunas de las etiquetas más utilizadas en HTML:</p>

  <!-- Lista no ordenada -->
  <h2>Lista de elementos HTML</h2>
  <ul>
    <li>Encabezados</li>
    <li>Párrafos</li>
    <li>Listas</li>
    <li>Enlaces</li>
  </ul>
  <!-- Lista ordenada -->
  <h2>Pasos para aprender HTML</h2>
  <ol>
    <li>Aprender la estructura básica</li>
    <li>Practicar con diferentes etiquetas</li>
    <li>Crear una página web completa</li>
  </ol>

  <!-- Enlace a otra página -->
  <h2>Más información</h2>
  <p>Puedes aprender más sobre HTML visitando <a href="https://www.w3schools.com/html/" target="_blank">W3Schools HTML</a>.</p>
</body>
```

</html>

4. Explicación del Código:

- **<h1>**: El encabezado principal de la página.
- **<p>**: Párrafo que describe el contenido de la página.
- **<ul> y <ol>**: Listas no ordenada y ordenada para mostrar elementos.
- **<a>**: Enlace que lleva al usuario a otra página web.

1. **¿Qué etiqueta HTML se utiliza para crear un enlace en una página web?**
   a) <link>
   b) <a>
   c) <href>
   d) <url>

2. **¿Cuál es la función de la etiqueta <h1> en HTML?**
   a) Crear un párrafo
   b) Definir un encabezado principal
   c) Insertar una lista ordenada
   d) Enlazar a otra página web

3. **¿Cómo se define un párrafo en HTML?**
   a) <div>
   b) <p>
   c) <text>
   d) <header>

4. **¿Cuál es la diferencia entre una lista ordenada (<ol>) y una lista no ordenada (<ul>) en HTML?**
   a) <ol> muestra los elementos en orden numérico, mientras que <ul> usa viñetas.
   b) <ul> es para listas de texto, mientras que <ol> es para listas de imágenes.
   c) <ol> se usa solo para menús de navegación, mientras que <ul> es para listas generales.
   d) No hay diferencia, son intercambiables.

5. **¿Qué significa el atributo href en un enlace (<a>) en HTML?**
   a) Indica la dirección de la página web de destino.
   b) Define el color del enlace.
   c) Proporciona una descripción del enlace.
   d) Especifica el estilo del enlace.

6. **La etiqueta <h6> se utiliza para el encabezado de nivel más alto en una página web.**
   o Falso
   o Verdadero

7. **Las listas no ordenadas (<ul>) en HTML se utilizan para crear listas donde el orden de los elementos no es importante.**
   o Falso
   o Verdadero

8. **Los enlaces (<a>) siempre abren una nueva página cuando se hace clic sobre ellos.**
   o Falso
   o Verdadero

9. **El elemento <p> se utiliza para organizar el contenido en columnas en HTML.**
   o Falso

    o Verdadero
10. **El atributo href en un enlace es obligatorio para que el enlace funcione.**
    o Falso
    o Verdadero

Actividad de refuerzo en casa (tarea):

____

____

____

Recuperación: ☐   ☐

____

___

Rubrica

	INDICADORES			
	DOMINA	ALCANZA	EN PROCESO	NO ALCANZA
CRITERIO	10 - 9	8 - 7	6 - 4	3 - 0
1. Comprensión Teórica	El estudiante domina el contenido de la temática.	El estudiante comprende el contenido de la temática.	El estudiante comprende medianamente el contenido de la temática.	El estudiante no alcanza a comprender el contenido de la temática.
2. Comprensión Práctica	El estudiante cumple a cabalidad con el desarrollo práctico del tema.	El estudiante cumple con el desarrollo práctico del tema.	El estudiante realiza medianamente el desarrollo práctico del tema.	El estudiante no alcanza a realizar el desarrollo práctico del tema.
3. Redacción y Ortografía.	El contenido está escrito correctamente, distribuido en párrafos, y utiliza adecuadamente las reglas de ortografía.	La mayor parte del texto está escrito correctamente, existen dos o tres errores ortográficos.	El texto presenta algunos errores de coherencia y cohesión, existen cuatro o cinco errores ortográficos.	El texto presenta demasiados errores de coherencia y cohesión, existen más de seis errores ortográficas.
4. Organización y Bibliografía.	El contenido presenta organización en una secuencia lógica que facilita su comprensión. Todas las fuentes de información están incorporadas y ordenadas adecuadamente.	La secuencia del contenido es lógica, pero tiene algunas ideas incompletas. La bibliografía está incompleta pero ordenada.	El texto tiene fallas en la secuencia lógica que impiden comprenderlo completamente. La bibliografía es escasa, pero está ordenada.	El contenido está desorganizado y es muy difícil seguir la secuencia de ideas. No incluye bibliografía.

	INDICADORES			
	DOMINA	ALCANZA	EN PROCESO	NO ALCANZA
CRITERIO	10 - 9	8 - 7	6 - 4	3 - 0
1. Comprensión Teórica				
2. Comprensión Práctica				
3. Redacción y Ortografía.				
4. Organización y Bibliografía.				

Observación:____

____

____

____

Ejemplo práctico:

1. Proyecto en HTML
Estructura de CSS en HTML

Hay tres formas de agregar CSS a una página web:

1. **CSS Interno**: Se coloca dentro de la etiqueta <style> en la sección <head> del documento HTML.
2. **CSS Externo**: Se coloca en un archivo .css separado, que luego se vincula al HTML mediante la etiqueta <link>.
3. **CSS en Línea**: Se aplica directamente en los elementos HTML utilizando el atributo style.

Para este ejercicio, vamos a usar **CSS Interno** en el <head> del documento HTML.

2. Aplicando Estilos Básicos con CSS
a) Cambiar Colores de Fondo y Texto

Uno de los primeros estilos que puedes aplicar es cambiar el color del fondo de la página y el color del texto. Se hace con las propiedades background-color y color.

```html
<!DOCTYPE html>
<html lang="es">
<head>
  <meta charset="UTF-8">
  <meta name="viewport" content="width=device-width, initial-scale=1.0">
  <title>Estilos Básicos con CSS</title>
  <style>
    /* Estilo para el fondo de la página */
    body {
      background-color: #f0f0f0;  /* Color de fondo */
      color: #333;             /* Color del texto */
      font-family: Arial, sans-serif; /* Fuente de texto */
    }

    /* Estilo para los encabezados */
    h1 {
      color: #4CAF50;          /* Color del texto del encabezado */
    }

    /* Estilo para los párrafos */
    p {
      font-size: 18px;         /* Tamaño de fuente */
    }
  </style>
</head>
<body>
  <h1>Bienvenido a mi página web</h1>
  <p>Esta página utiliza CSS para aplicar estilos básicos como colores y fuentes.</p>
</body>
</html>
```

- En este código, el **fondo de la página** se establece con background-color: #f0f0f0; y el **color del texto** se cambia a #333.
- Los **encabezados** (h1) tienen un color verde con color: #4CAF50;.

- Los **párrafos** (p) tienen un tamaño de fuente de 18px con la propiedad font-size.

b) Establecer Márgenes y Espaciado

Usamos las propiedades margin y padding para controlar los márgenes y el espaciado de los elementos.

```html
<!DOCTYPE html>
<html lang="es">
<head>
   <meta charset="UTF-8">
   <meta name="viewport" content="width=device-width, initial-scale=1.0">
   <title>Estilos con Márgenes</title>
   <style>
     /* Estilo para los encabezados */
     h1 {
        margin-bottom: 20px; /* Márgen inferior */
        padding: 10px;       /* Espaciado interno */
        background-color: #4CAF50; /* Fondo verde */
        color: white;        /* Texto blanco */
     }

     /* Estilo para los párrafos */
     p {
        margin: 20px 0;  /* Márgenes arriba y abajo */
        padding: 10px;   /* Espaciado interno */
        background-color: #e0e0e0; /* Fondo gris claro */
     }
   </style>
</head>
<body>
   <h1>Estilos con Márgenes y Espaciado</h1>
   <p>Este es un párrafo con márgenes y espaciado aplicado con CSS.</p>
   <p>CSS facilita la creación de márgenes y espaciado para mejorar el diseño de la página.</p>
</body>
</html>
```

- Los **encabezados (h1)** tienen un **margen inferior de 20px** y un **espaciado interno de 10px**.
- Los **párrafos (p)** tienen un **margen de 20px arriba y abajo**, y un **espaciado interno de 10px**.

c) Fuentes Personalizadas

Puedes cambiar la **fuente de texto** utilizando la propiedad font-family. Aquí te mostramos cómo aplicar fuentes personalizadas:

```html
<!DOCTYPE html>
<html lang="es">
<head>
   <meta charset="UTF-8">
   <meta name="viewport" content="width=device-width, initial-scale=1.0">
   <title>Fuentes Personalizadas</title>
   <style>
```

```css
/* Estilo para el cuerpo de la página */
body {
    font-family: 'Arial', sans-serif;  /* Fuente Arial */
    background-color: #f9f9f9;        /* Fondo gris claro */
    color: #333;                /* Color de texto */
}

/* Estilo para los encabezados */
h1 {
    font-family: 'Georgia', serif;  /* Fuente Georgia para los encabezados */
    color: #4CAF50;             /* Color verde */
}

/* Estilo para los párrafos */
p {
    font-family: 'Verdana', sans-serif;  /* Fuente Verdana para los párrafos */
}
```
```html
    </style>
</head>
<body>
    <h1>Fuentes Personalizadas con CSS</h1>
    <p>Este es un párrafo con una fuente personalizada. Los encabezados tienen
una fuente diferente.</p>
</body>
</html>
```

- El **cuerpo de la página** usa la fuente **Arial**.
- Los **encabezados (h1)** usan la fuente **Georgia**.
- Los **párrafos (p)** utilizan la fuente **Verdana**.

3. Estilo para Enlaces

CSS te permite personalizar la apariencia de los enlaces utilizando las pseudo-
clases :link, :visited, :hover, y :active.

```html
<!DOCTYPE html>
<html lang="es">
<head>
    <meta charset="UTF-8">
    <meta name="viewport" content="width=device-width, initial-scale=1.0">
    <title>Estilos para Enlaces</title>
    <style>
        /* Estilo para enlaces */
        a:link {
            color: blue;  /* Color de los enlaces no visitados */
            text-decoration: none;  /* Eliminar subrayado */
        }

        a:visited {
            color: purple;  /* Color de los enlaces visitados */
        }

        a:hover {
            color: red;     /* Color cuando el ratón pasa por encima */
```

```css
      text-decoration: underline;  /* Subrayado cuando se pasa el ratón */
    }

    a:active {
      color: green;   /* Color cuando el enlace está siendo clickeado */
    }
  </style>
</head>
<body>
  <h1>Estilos para Enlaces</h1>
  <p>Haz clic en el siguiente enlace para probar los estilos:</p>
  <a href="https://www.example.com">Visita Example.com</a>
</body>
</html>
```

- Los **enlaces no visitados** tienen un color **azul**.
- Los **enlaces visitados** tienen un color **morado**.
- Cuando el usuario **pasa el ratón** sobre el enlace, cambia a **rojo** y se subraya.
- Durante la interacción con el enlace (cuando se hace clic en él), el color se vuelve **verde**.

Evaluación

1. **¿Qué propiedad CSS se utiliza para cambiar el color de fondo de una página web?**
   a) text-color
   b) background-color
   c) font-color
   d) color

2. **¿Cuál de las siguientes propiedades se utiliza para cambiar el tamaño del texto de un elemento?**
   a) font-family
   b) font-size
   c) text-size
   d) text-style

3. **¿Qué propiedad CSS se utiliza para crear un espacio entre el borde de un elemento y su contenido?**
   a) margin
   b) padding
   c) border-spacing
   d) border-width

4. **Si quieres que el texto de un encabezado se muestre en negrita, ¿qué propiedad CSS deberías usar?**
   a) font-style: bold;
   b) font-weight: bold;
   c) text-transform: bold;
   d) font-size: bold;

5. **¿Qué propiedad CSS puedes usar para eliminar el subrayado de los enlaces?**
   a) text-decoration: none;
   b) border: none;

c) text-align: none;
d) underline: false;

6. **La propiedad color en CSS se utiliza para cambiar el color de fondo de un elemento.**
   - o Falso
   - o Verdadero
7. **La propiedad margin controla el espaciado interno de un elemento.**
   - o Falso
   - o Verdadero
8. **Cuando se aplica la propiedad font-family, se cambia el tipo de fuente de un texto en un elemento HTML.**
   - o Falso
   - o Verdadero
9. **La propiedad font-size es utilizada para cambiar el tamaño de los márgenes de un elemento.**
   - o Falso
   - o Verdadero
10. **Los enlaces en HTML siempre tienen el mismo estilo predeterminado a menos que se modifiquen con CSS.**
    - o Falso
    - o Verdadero

Actividad de refuerzo en casa (tarea):

____

____

____

Recuperación: ▢   ▢

____

___

Rubrica

	INDICADORES			
	DOMINA	ALCANZA	EN PROCESO	NO ALCANZA
CRITERIO	10 - 9	8 - 7	6 - 4	3 - 0
1. Comprensión Teórica	El estudiante domina el contenido de la temática.	El estudiante comprende el contenido de la temática.	El estudiante comprende medianamente el contenido de la temática.	El estudiante no alcanza a comprender el contenido de la temática.
2. Comprensión Práctica	El estudiante cumple a cabalidad con el desarrollo práctico del tema.	El estudiante cumple con el desarrollo práctico del tema.	El estudiante realiza medianamente el desarrollo práctico del tema.	El estudiante no alcanza a realizar el desarrollo práctico del tema.
3. Redacción y Ortografía.	El contenido está escrito correctamente, distribuido en párrafos, y utiliza adecuadamente las reglas de ortografía.	La mayor parte del texto está escrito correctamente, existen dos o tres errores ortográficos.	El texto presenta algunos errores de coherencia y cohesión, existen cuatro o cinco errores ortográficos.	El texto presenta demasiados errores de coherencia y cohesión, existen más de seis errores ortográficas.
4. Organización y Bibliografía.	El contenido presenta organización en una secuencia lógica que facilita su comprensión. Todas las fuentes de información están incorporadas y ordenadas adecuadamente.	La secuencia del contenido es lógica, pero tiene algunas ideas incompletas. La bibliografía está incompleta pero ordenada.	El texto tiene fallas en la secuencia lógica que impiden comprenderlo completamente. La bibliografía es escasa, pero está ordenada.	El contenido está desorganizado y es muy difícil seguir la secuencia de ideas. No incluye bibliografía.

	INDICADORES			
	DOMINA	ALCANZA	EN PROCESO	NO ALCANZA
CRITERIO	10 - 9	8 - 7	6 - 4	3 - 0
1. Comprensión Teórica				
2. Comprensión Práctica				
3. Redacción y Ortografía.				
4. Organización y Bibliografía.				

Observación:____

____

____

____

Actividad 14

Nota: La actividad inicia en el primer trimestre y se divide en tres fases una por cada trimestre.

Proyecto práctico

Crear un proyecto integrador donde los estudiantes realice una actividad sencilla que combine lo aprendido sobre soporte técnico. (seleccionar tema)

Gráfico 1: habilidades desarrolladas o potenciadas por la aplicación de la metodologia basada en proyectos.

Fuente: Hutchings, K. y Standley, M., (2000). Global Project-Based. Learning with Technology, Oregon: Visions Technology in Education.

- Título del proyecto
- Nombre de los estudiantes
- Asignatura(s) que integran el proyecto
- Resumen ejecutivo
- Introducción
- Objetivo general y específicos
- Planteamiento del problema
- Justificación
- Metodología
- Marco legal
- Desarrollo

- Resultados
- Referencias

Actividad de refuerzo en casa (tarea):

____

____

____

Recuperación: ☐   ☐

___

Rubrica

	INDICADORES			
	DOMINA	ALCANZA	EN PROCESO	NO ALCANZA
CRITERIO	10 - 9	8 - 7	6 - 4	3 - 0
1. Comprensión Teórica	El estudiante domina el contenido de la temática.	El estudiante comprende el contenido de la temática.	El estudiante comprende mediamente el contenido de la temática.	El estudiante no alcanza a comprender el contenido de la temática.
2. Comprensión Práctica	El estudiante cumple a cabalidad con el desarrollo práctico del tema.	El estudiante cumple con el desarrollo práctico del tema.	El estudiante realiza medianamente el desarrollo práctico del tema.	El estudiante no alcanza a realizar el desarrollo práctico del tema.
3. Redacción y Ortografía.	El contenido está escrito correctamente, distribuido en párrafos, y utiliza adecuadamente las reglas de ortografía.	La mayor parte del texto está escrito correctamente, existen dos o tres errores ortográficos.	El texto presenta algunos errores de coherencia y cohesión, existen cuatro o cinco errores ortográficos.	El texto presenta demasiados errores de coherencia y cohesión, existen más de seis errores ortográficas.
4. Organización y Bibliografía.	El contenido presenta organización en una secuencia lógica que facilita su comprensión. Todas las fuentes de información están incorporadas y ordenadas adecuadamente.	La secuencia del contenido es lógica, pero tiene algunas ideas incompletas. La bibliografía está incompleta pero ordenada.	El texto tiene fallas en la secuencia lógica que impiden comprenderlo completamente. La bibliografía es escasa, pero está ordenada.	El contenido está desorganizado y es muy difícil seguir la secuencia de ideas. No incluye bibliografía.

	INDICADORES			
	DOMINA	ALCANZA	EN PROCESO	NO ALCANZA
CRITERIO	10 - 9	8 - 7	6 - 4	3 - 0
1. Comprensión Teórica				
2. Comprensión Práctica				
3. Redacción y Ortografía.				
4. Organización y Bibliografía.				

Observación:____

____

____

____

Uso de Clases e ID en CSS: Diferenciar y Aplicar Estilos

En CSS, **clases** e **ID** son dos formas de seleccionar y aplicar estilos a los elementos HTML. Ambos sirven para identificar y aplicar estilos de manera específica, pero tienen diferencias clave en su uso y aplicabilidad. A continuación, aprenderemos cómo y cuándo usar cada uno.

1. Diferencias Entre Clases e ID en CSS

- **Clases (class)**:
    - Se usan para aplicar el mismo estilo a varios elementos en la página.
    - Las clases pueden repetirse en múltiples elementos.
    - Se define con un punto (.) en CSS.
- **ID (id)**:
    - Se utiliza para seleccionar un **único** elemento en la página, ya que los ID deben ser **únicos** dentro de un documento HTML.
    - Un ID se debe usar solo una vez por página.
    - Se define con una almohadilla (#) en CSS.

2. Sintaxis de Clases e ID en CSS

- **Clases en CSS**:
    Para seleccionar un elemento con una clase, usamos el punto (.) seguido del nombre de la clase.
    Ejemplo:
    css
    Copiar
    ```css
    .miClase {
       color: blue;
       font-size: 16px;
    }
    ```
- **ID en CSS**:
    Para seleccionar un elemento con un ID, usamos el símbolo de almohadilla (#) seguido del nombre del ID.
    Ejemplo:
    css
    Copiar
    ```css
    #miID {
       color: red;
       font-weight: bold;
    }
    ```

3. Ejemplo de Uso de Clases e ID

HTML y CSS para Clases e ID

En este ejemplo, vamos a usar una clase para varios elementos y un ID para un solo elemento. Además, veremos cómo se aplica el estilo utilizando tanto clases como ID.

Código HTML

```html
<!DOCTYPE html>
<html lang="es">
<head>
  <meta charset="UTF-8">
  <meta name="viewport" content="width=device-width, initial-scale=1.0">
  <title>Uso de Clases e ID en CSS</title>
  <style>
    /* Estilo para la clase 'titulo' */
    .titulo {
```

```css
        color: #2c3e50;        /* Color oscuro */
        font-size: 24px;        /* Tamaño de fuente */
        font-family: Arial, sans-serif;  /* Fuente */
        text-align: center;      /* Alineación centrada */
    }

    /* Estilo para la clase 'parrafo' */
    .parrafo {
        color: #34495e;          /* Color gris oscuro */
        font-size: 18px;         /* Tamaño de fuente */
        line-height: 1.6;        /* Espaciado entre líneas */
        margin-bottom: 20px;     /* Espaciado inferior */
    }

    /* Estilo para el ID 'especial' */
    #especial {
        color: white;            /* Color blanco */
        background-color: #e74c3c; /* Fondo rojo */
        padding: 10px;           /* Relleno */
        border-radius: 5px;      /* Bordes redondeados */
        text-align: center;      /* Alineación centrada */
        font-weight: bold;       /* Texto en negrita */
    }
  </style>
</head>
<body>

  <h1 class="titulo">Este es un título con la clase 'titulo'</h1>
  <p class="parrafo">Este es un párrafo con la clase 'parrafo'. Los párrafos con esta clase tienen color gris oscuro y un tamaño de fuente de 18px.</p>
  <p class="parrafo">Otro párrafo con la misma clase, el estilo se aplica a todos los elementos con esta clase.</p>
  <div id="especial">Este es un div con el ID 'especial'. Tiene un fondo rojo y texto blanco.</div>

</body>
</html>
```
Explicación del Código:
1. **Clases:**
   - La clase **titulo** se aplica a un **encabezado <h1>**. Esta clase cambia el color del texto a un tono oscuro, ajusta el tamaño de la fuente y la alineación del texto.
   - La clase **parrafo** se aplica a los párrafos. Cambia el color del texto a gris oscuro, ajusta el tamaño de la fuente y agrega un espaciado entre las líneas. Esta clase se aplica a varios elementos, lo que significa que todos los elementos con la clase "parrafo" recibirán los mismos estilos.
2. **ID:**
   - El ID **especial** se aplica a un **div**. Este ID tiene un estilo único con un fondo rojo, texto blanco, un borde redondeado, y un relleno interno. Solo se usa una vez, ya que los ID deben ser únicos dentro del documento HTML.

4. Cuándo Usar Clases y Cuándo Usar ID

- **Usa clases** cuando quieras aplicar el mismo estilo a **varios elementos**. Las clases son reutilizables y flexibles.
- **Usa ID** cuando necesites **seleccionar un solo elemento único** en la página. Los ID son ideales para elementos que deben ser únicos, como un encabezado especial, un formulario de contacto o una sección destacada.

5. Actividad Práctica

Instrucciones: Crea una página HTML con los siguientes requisitos:

1. **Crea una clase llamada destacado**: Aplica un color de fondo azul claro, texto en color blanco y un borde redondeado a un div.
2. **Crea un ID llamado caja-principal**: Aplica un color de fondo verde, texto en color blanco y un relleno interno de 20px a un section.
3. **Crea un párrafo usando la clase resaltar**: Aplica un color de texto rojo y un tamaño de fuente de 20px.

Requisitos:

- El ID caja-principal debe ser único y solo debe aplicarse a un solo elemento.
- La clase destacado y resaltar se pueden usar en varios elementos si es necesario.

Evaluación

1. **¿Cuál es la sintaxis correcta para aplicar un estilo a un elemento con la clase highlight en CSS?**
   a) #highlight { color: blue; }
   b) .highlight { color: blue; }
   c) highlight { color: blue; }
   d) highlight() { color: blue; }

2. **¿Cuál de las siguientes afirmaciones es correcta respecto al uso de un ID en CSS?**
   a) Un ID puede aplicarse a varios elementos en la página.
   b) Un ID debe ser único en la página.
   c) Un ID no puede ser utilizado en un archivo CSS.
   d) Un ID es menos específico que una clase en CSS.

3. **¿Cómo seleccionar un elemento con un ID llamado header en CSS?**
   a) .header { color: red; }
   b) #header { color: red; }
   c) header { color: red; }
   d) #header() { color: red; }

4. **¿Cuál es la principal diferencia entre clases e ID en CSS?**
   a) Un ID puede aplicarse a varios elementos, mientras que una clase solo se aplica a un elemento.
   b) Las clases se definen con # y los ID con .
   c) Los ID son exclusivos y deben usarse solo una vez, mientras que las clases se pueden usar en varios elementos.
   d) Las clases son más específicas que los ID.

5. **¿Cuál de las siguientes afirmaciones es verdadera respecto a las clases en CSS?**

a) Una clase siempre se aplica a un solo elemento en la página.
b) Las clases son útiles cuando queremos aplicar el mismo estilo a varios elementos.
c) Las clases no se pueden usar en varios elementos.
d) Las clases siempre tienen que ser únicas, como los ID.

Actividad de refuerzo en casa (tarea):

____

____

____

Recuperación: ☐   ☐

____

___

Rubrica

CRITERIO	INDICADORES			
	DOMINA	ALCANZA	EN PROCESO	NO ALCANZA
	10 - 9	8 - 7	6 - 4	3 - 0
1. Comprensión Teórica	El estudiante domina el contenido de la temática.	El estudiante comprende el contenido de la temática.	El estudiante comprende medianamente el contenido de la temática.	El estudiante no alcanza a comprender el contenido de la temática.
2. Comprensión Práctica	El estudiante cumple a cabalidad con el desarrollo práctico del tema.	El estudiante cumple con el desarrollo práctico del tema.	El estudiante realiza medianamente el desarrollo práctico del tema.	El estudiante no alcanza a realizar el desarrollo práctico del tema.
3. Redacción y Ortografía.	El contenido está escrito correctamente, distribuido en párrafos, y utiliza adecuadamente las reglas de ortografía.	La mayor parte del texto está escrito correctamente, existen dos o tres errores ortográficos.	El texto presenta algunos errores de coherencia y cohesión, existen cuatro o cinco errores ortográficos.	El texto presenta demasiados errores de coherencia y cohesión, existen más de seis errores ortográficas.
4. Organización y Bibliografía.	El contenido presenta organización en una secuencia lógica que facilita su comprensión. Todas las fuentes de información están incorporadas y ordenadas adecuadamente.	La secuencia del contenido es lógica, pero tiene algunas ideas incompletas. La bibliografía está incompleta pero ordenada.	El texto tiene fallas en la secuencia lógica que impiden comprenderlo completamente. La bibliografía es escasa, pero está ordenada.	El contenido está desorganizado y es muy difícil seguir la secuencia de ideas. No incluye bibliografía.

CRITERIO	INDICADORES			
	DOMINA	ALCANZA	EN PROCESO	NO ALCANZA
	10 - 9	8 - 7	6 - 4	3 - 0
1. Comprensión Teórica				
2. Comprensión Práctica				
3. Redacción y Ortografía.				
4. Organización y Bibliografía.				

Observación:____

____

____

____

Tercer Trimestre

Objetivo: Diseñar y construir soluciones web de nivel intermedio con interfaz amigable, empleando herramientas multimedia que permitan promocionar la información e imagen de una organización y/o cliente

Actitudes, valores y normas

- Tener una actitud propositiva para aportar con ideas creativas e innovadoras, respetando los derechos de autoría y aplicando normas, estándares y especificaciones técnicas.
- Mostrar interés por mantenerse actualizado en temas relacionados con el diseño y desarrollo de soluciones web.
- Ser flexible y adaptarse a los cambios y nuevas situaciones en el entorno de trabajo.

Profesor

- Expone teóricamente los conceptos, hechos y procedimientos más relevantes de la unidad.
- Resuelve ejercicios en la pizarra o computador
- Da instrucciones para que los estudiantes realicen el trabajo.
- Revisa los ejercicios que los estudiantes hacen en la pizarra o computador.
- Realiza el refuerzo en los temas.
- Envía ejercicios de la tarea.
- Explica las actividades de refuerzo.

Estudiante

- Atienden la exposición del profesor y exponen los comentarios o dudas que le surjan.
- Realizan los ejercicios.
- Escuchan las instrucciones dadas por el profesor.
- Analizan detenidamente los enunciados de los ejercicios.
- Realizan los ejercicios en el cuaderno de borrador o computador.
- Salen a la pizarra a realizar los ejercicios.

Seguimiento de la actividad:

- Resuelve dudas y realiza aclaraciones o peticiones de más información.
- Orienta el trabajo para que se creen situaciones deseadas.
- Observa el trabajo, estimula y aclara dudas.
- Observa y corrige los ejercicios de la pizarra y computador.
- Realiza en seguimientos individual en el trabajo de los estudiantes

Evaluación:

- Participación activamente en la clase.
- Realización de ejercicios en la pizarra, computador y actividades del módulo.

Metodologías, estrategia y técnicas de aprendizaje:

- Aprendizaje basado en proyectos
- Lectura comentada
- Exposición
- Aula invertida

o   Aprendizaje cooperativo

o   Debates

o   Ejercicios prácticos

Actividad 17

Estructura HTML del Menú de Navegación

Primero, creamos la estructura básica en HTML utilizando listas <ul> (lista sin orden) y <li> (elementos de lista). Esta es la forma más común y accesible de crear menús de navegación.

```html
<!DOCTYPE html>
<html lang="es">
<head>
  <meta charset="UTF-8">
  <meta name="viewport" content="width=device-width, initial-scale=1.0">
  <title>Menú de Navegación</title>
  <link rel="stylesheet" href="styles.css">
</head>
<body>

  <!-- Menú de Navegación -->
  <nav>
    <ul class="menu">
      <li><a href="#">Inicio</a></li>
      <li><a href="#">Servicios</a></li>
      <li><a href="#">Sobre Nosotros</a></li>
      <li><a href="#">Contacto</a></li>
    </ul>
  </nav>

</body>
</html>
```

- La etiqueta <nav> define un bloque de navegación.
- La lista <ul> contiene los elementos del menú, cada uno dentro de un <li>.
- El enlace <a> se usa para vincular a las diferentes secciones de la página o a otras páginas.

2. Estilos CSS para el Menú de Navegación

Ahora, pasamos a aplicar estilos CSS para dar formato al menú. Vamos a darle un diseño atractivo y moderno al menú de navegación.

CSS Básico para Menú de Navegación

```css
/* Estilo general del cuerpo de la página */
body {
  font-family: Arial, sans-serif;
  margin: 0;
  padding: 0;
  background-color: #f4f4f4;
}

/* Estilos para el menú */
nav {
  background-color: #333; /* Fondo oscuro para el menú */
  padding: 10px 0;
```

```css
}
.menu {
  list-style: none; /* Elimina los puntos de la lista */
  margin: 0;
  padding: 0;
  text-align: center;
}
.menu li {
  display: inline-block; /* Para que los elementos se alineen horizontalmente */
  margin: 0 20px; /* Espacio entre los elementos */
}

.menu a {
  text-decoration: none; /* Elimina el subrayado de los enlaces */
  color: white; /* Color de texto blanco */
  font-size: 18px;
  padding: 10px 20px;
  display: block;
  transition: background-color 0.3s; /* Transición suave al cambiar color */
}

/* Cambiar el color de fondo cuando el usuario pasa el mouse sobre el enlace */
.menu a:hover {
  background-color: #555; /* Fondo gris oscuro al hacer hover */
  border-radius: 5px; /* Bordes redondeados */
}
```

Explicación del CSS:

- **nav**: Se aplica un fondo oscuro al menú de navegación con background-color: #333; y un relleno de 10px arriba y abajo.
- **.menu**: La lista de navegación no tendrá marcas (puntos) gracias a list-style: none;. Además, se alinea al centro y se eliminan los márgenes y rellenos para que los elementos ocupen el ancho completo del nav.
- **.menu li**: Los elementos de la lista están dispuestos en línea (horizontalmente) gracias a display: inline-block;.
- **.menu a**: Los enlaces dentro del menú son estilizados con color blanco, un tamaño de fuente de 18px, y un relleno de 10px arriba y abajo para hacerlos más grandes y clicables. También se aplica transition para un efecto suave de cambio de color.
- **.menu a:hover**: Cuando el usuario pasa el ratón sobre un enlace, el color de fondo cambia a gris oscuro (#555), lo que mejora la interactividad. También se aplica un borde redondeado.

3. Resultado Final
Este es el resultado visual de un menú de navegación simple pero moderno:
- El menú de navegación tiene un fondo oscuro con texto blanco.
- Los elementos están alineados horizontalmente.
- Los enlaces tienen un efecto de cambio de color al pasar el ratón por encima.

4. Personalización Adicional
Puedes hacer algunas personalizaciones adicionales, como agregar un logo o hacer que el menú sea más dinámico. Aquí te dejo algunos ejemplos adicionales de personalización:

Agregando un Logo al Menú
html
Copiar
```html
<nav>
  <ul class="menu">
    <li><a href="#"><img src="logo.png" alt="Logo" style="height: 40px;"></a></li>
    <li><a href="#">Inicio</a></li>
    <li><a href="#">Servicios</a></li>
    <li><a href="#">Sobre Nosotros</a></li>
    <li><a href="#">Contacto</a></li>
  </ul>
</nav>
```
Menú Desplegable (Submenú)
Si quieres agregar un submenú a un elemento, puedes hacerlo utilizando listas dentro de listas. Aquí tienes un ejemplo de cómo hacer un menú desplegable:
html
Copiar
```html
<ul class="menu">
  <li><a href="#">Inicio</a></li>
  <li><a href="#">Servicios</a>
    <ul class="submenu">
      <li><a href="#">Desarrollo Web</a></li>
      <li><a href="#">Marketing Digital</a></li>
    </ul>
  </li>
  <li><a href="#">Sobre Nosotros</a></li>
  <li><a href="#">Contacto</a></li>
</ul>
```
CSS para Submenú
css
Copiar
```css
.submenu {
  display: none; /* Ocultar submenú por defecto */
  position: absolute;
  background-color: #333;
  list-style: none;
  margin: 0;
  padding: 0;
}

.menu li:hover .submenu {
  display: block; /* Mostrar el submenú al pasar el ratón por el elemento principal */
}

.submenu li {
  padding: 10px;
  width: 150px;
}

.submenu a {
  padding: 10px;
  text-decoration: none;
```

```css
    color: white;
    display: block;
}

.submenu a:hover {
    background-color: #555;
}
```
Con esto, al pasar el ratón sobre "Servicios", aparecerá un submenú con opciones adicionales.

1. **¿Cuál es la forma correcta de crear un menú de navegación básico en HTML?**
   a) <div><a href="#">Inicio</a></div>
   b) <ul><li><a href="#">Inicio</a></li></ul>
   c) <nav><a href="#">Inicio</a></nav>
   d) <menu><a href="#">Inicio</a></menu>

2. **¿Qué propiedad de CSS se utiliza para alinear los elementos de una lista horizontalmente en un menú de navegación?**
   a) float
   b) display: inline-block;
   c) text-align: center;
   d) position: absolute;

3. **En el siguiente CSS, ¿qué propiedad cambia el color de fondo cuando se pasa el ratón sobre un enlace del menú?**
   a) background-color
   b) color
   c) font-size
   d) border-radius

4. **¿Cuál es la principal ventaja de utilizar listas (<ul>, <li>) para crear un menú de navegación en HTML?**
   a) Son elementos semánticamente correctos para estructurar menús.
   b) Permiten la creación de submenús automáticamente.
   c) Mejoran el rendimiento de la página.
   d) Son más fáciles de personalizar sin usar CSS.

5. **¿Qué hace la propiedad transition: background-color 0.3s; en el CSS?**
   a) Cambia el color de fondo del menú a un valor predeterminado después de 0.3 segundos.
   b) Aplica una transición suave al cambiar el color de fondo del enlace.
   c) Hace que el fondo cambie de color cada 0.3 segundos.
   d) Cambia el color del texto con un retardo de 0.3 segundos.

6. **El uso de display: inline-block; en CSS permite que los elementos de lista del menú se alineen horizontalmente.**
   o Verdadero
   o Falso

7. **El menú de navegación debe estar dentro de un <nav> para ser accesible y semántico.**
   - o Verdadero
   - o Falso
8. **El submenú de navegación siempre se mostrará al cargar la página, incluso si el usuario no pasa el ratón sobre el menú.**
   - o Verdadero
   - o Falso

Actividad de refuerzo en casa (tarea):

____

____

____

Recuperación: ☐   ☐

____

___

Rubrica

	INDICADORES			
	DOMINA	ALCANZA	EN PROCESO	NO ALCANZA
CRITERIO	10 - 9	8 - 7	6 - 4	3 - 0
1. Comprensión Teórica	El estudiante domina el contenido de la temática.	El estudiante comprende el contenido de la temática.	El estudiante comprende medianamente el contenido de la temática.	El estudiante no alcanza a comprender el contenido de la temática.
2. Comprensión Práctica	El estudiante cumple a cabalidad con el desarrollo práctico del tema.	El estudiante cumple con el desarrollo práctico del tema.	El estudiante realiza medianamente el desarrollo práctico del tema.	El estudiante no alcanza a realizar el desarrollo práctico del tema.
3. Redacción y Ortografía.	El contenido está escrito correctamente, distribuido en párrafos, y utiliza adecuadamente las reglas de ortografía.	La mayor parte del texto está escrito correctamente, existen dos o tres errores ortográficos.	El texto presenta algunos errores de coherencia y cohesión, existen cuatro o cinco errores ortográficos.	El texto presenta demasiados errores de coherencia y cohesión, existen más de seis errores ortográficas.
4. Organización y Bibliografía.	El contenido presenta organización en una secuencia lógica que facilita su comprensión. Todas las fuentes de información están incorporadas y ordenadas adecuadamente.	La secuencia del contenido es lógica, pero tiene algunas ideas incompletas. La bibliografía está incompleta pero ordenada.	El texto tiene fallas en la secuencia lógica que impiden comprenderlo completamente. La bibliografía es escasa, pero está ordenada.	El contenido está desorganizado y es muy difícil seguir la secuencia de ideas. No incluye bibliografía.

	INDICADORES			
	DOMINA	ALCANZA	EN PROCESO	NO ALCANZA
CRITERIO	10 - 9	8 - 7	6 - 4	3 - 0
1. Comprensión Teórica				
2. Comprensión Práctica				
3. Redacción y Ortografía.				
4. Organización y Bibliografía.				

Observación:____

____

____

____

Implementación de Imágenes y Elementos Multimedia en HTML

Las imágenes, videos y audios son esenciales para enriquecer la experiencia del usuario en una página web. Además de aprender cómo integrarlos en HTML, también es importante conocer técnicas de optimización para mejorar la velocidad de carga de la página.

A continuación, te guiaré sobre cómo incluir estos elementos multimedia en una página web utilizando HTML y algunas prácticas recomendadas de optimización.

1. Implementación de Imágenes

Para agregar imágenes a tu página web, utilizamos la etiqueta <img> en HTML.

Sintaxis Básica:

<img src="ruta-de-la-imagen" alt="Texto alternativo" width="ancho" height="alto">

- **src**: La ruta de la imagen. Puede ser una ruta local o una URL.
- **alt**: Un texto alternativo que describe la imagen. Es esencial para la accesibilidad.
- **width y height**: Opcionalmente puedes especificar el tamaño de la imagen en píxeles.

Ejemplo:

html
Copiar

<img src="images/imagen.jpg" alt="Un hermoso paisaje" width="500" height="300">

Optimización de Imágenes:

- **Formato**: Utiliza formatos adecuados para cada tipo de imagen:
    - **JPEG** para fotografías (buena calidad y tamaño de archivo pequeño).
    - **PNG** para imágenes con transparencias.
    - **WebP** para obtener una mejor compresión sin perder calidad (recomendado si es compatible con los navegadores).
- **Compresión**: Utiliza herramientas de compresión para reducir el tamaño de las imágenes sin perder mucha calidad. Herramientas como **TinyPNG** o **ImageOptim** pueden ser útiles.
- **Tamaño**: Redimensiona las imágenes para que no sean demasiado grandes. Si la imagen solo se mostrará en 500x300 píxeles, no tiene sentido cargar una de 3000x2000 píxeles.

2. Implementación de Videos

Para agregar videos, utilizamos la etiqueta <video> en HTML.

Sintaxis Básica:

<video width="640" height="360" controls>
  <source src="video.mp4" type="video/mp4">
  <source src="video.ogg" type="video/ogg">
  Tu navegador no soporta el elemento de video.
</video>

- **src**: La ruta del archivo de video. Puedes proporcionar diferentes formatos para asegurar la compatibilidad con todos los navegadores.
- **controls**: Muestra los controles predeterminados del navegador, como reproducción, pausa, volumen, etc.
- **width y height**: Especifica el tamaño del video.
- **type**: Define el tipo MIME del archivo de video (MP4, OGG, WebM, etc.).

Ejemplo:

html
Copiar

```html
<video width="640" height="360" controls>
   <source src="videos/video.mp4" type="video/mp4">
   <source src="videos/video.ogg" type="video/ogg">
   Tu navegador no soporta el elemento de video.
</video>
```

Optimización de Videos:
- **Formato**: Utiliza formatos de video ampliamente soportados como **MP4 (H.264)**, **WebM** o **OGG**.
- **Compresión**: Comprime videos utilizando herramientas como **HandBrake** o **FFmpeg** para reducir el tamaño sin perder calidad.
- **Resolución**: Ajusta la resolución del video para que no sea innecesariamente alta. Si no es necesario, utiliza resoluciones más pequeñas (como 720p en lugar de 1080p) para mejorar la carga.
- **Carga diferida (Lazy Loading)**: Utiliza la técnica de carga diferida para videos (solo carga el video cuando el usuario interactúa con él o cuando está visible en la pantalla).

3. Implementación de Audios

El elemento <audio> permite incrustar archivos de audio en una página web.

Sintaxis Básica:

```html
<audio controls>
   <source src="audio.mp3" type="audio/mp3">
   <source src="audio.ogg" type="audio/ogg">
   Tu navegador no soporta el elemento de audio.
</audio>
```

- **src**: La ruta del archivo de audio.
- **controls**: Muestra los controles predeterminados del navegador para reproducir el audio (reproducir, pausar, volumen, etc.).
- **type**: El tipo MIME del archivo de audio (MP3, OGG, etc.).

Ejemplo:

html
Copiar

```html
<audio controls>
   <source src="audios/musica.mp3" type="audio/mp3">
   <source src="audios/musica.ogg" type="audio/ogg">
   Tu navegador no soporta el elemento de audio.
</audio>
```

Optimización de Audios:
- **Formato**: Utiliza formatos comprimidos como **MP3** o **OGG** para obtener un buen equilibrio entre calidad y tamaño.
- **Compresión**: Comprime los archivos de audio para reducir el tamaño sin perder calidad significativa. Puedes usar herramientas como **Audacity** o **FFmpeg**.
- **Cargar solo lo necesario**: Si no es necesario reproducir el audio automáticamente, usa el atributo controls para que el usuario decida cuándo escucharlo.

4. Otras Técnicas de Optimización
Lazy Loading para Imágenes y Videos
El **Lazy Loading** es una técnica que permite cargar imágenes, videos o cualquier otro recurso multimedia solo cuando el usuario se desplaza hasta él en la página. Esto mejora el tiempo de carga inicial.

Para **Lazy Loading** en imágenes, puedes usar el atributo loading="lazy":
html
Copiar

```
<img src="imagen.jpg" alt="Descripción de la imagen" loading="lazy">
```

Para videos, puedes implementar técnicas similares usando JavaScript o bibliotecas externas.

Ejemplo Completo: Página Web con Imágenes, Videos y Audios

```
<!DOCTYPE html>
<html lang="es">
<head>
   <meta charset="UTF-8">
   <meta name="viewport" content="width=device-width, initial-scale=1.0">
   <title>Elementos Multimedia</title>
</head>
<body>
   <h1>Bienvenidos a la página de Multimedia</h1>

   <h2>Imagen</h2>
   <img src="images/landscape.jpg" alt="Hermoso paisaje" width="600" loading="lazy">

   <h2>Video</h2>
   <video width="640" height="360" controls>
      <source src="videos/ejemplo.mp4" type="video/mp4">
      <source src="videos/ejemplo.ogg" type="video/ogg">
      Tu navegador no soporta el elemento de video.
   </video>

   <h2>Audio</h2>
   <audio controls>
      <source src="audios/ejemplo.mp3" type="audio/mp3">
      <source src="audios/ejemplo.ogg" type="audio/ogg">
      Tu navegador no soporta el elemento de audio.
   </audio>
</body>
</html>
```

Evaluación
1. **¿Qué atributo de la etiqueta <img> es obligatorio para mejorar la accesibilidad en una página web?** a) src
   b) alt
   c) width
   d) height
2. **¿Cuál es el principal beneficio de usar el formato de imagen WebP?**
   a) Mayor calidad sin aumentar el tamaño del archivo
   b) Compatible con todos los navegadores sin excepción

c) Mejor soporte para transparencia que el PNG
d) Carga más rápida en todas las situaciones

3. **¿Qué atributo de la etiqueta <video> permite que los usuarios controlen la reproducción, como pausar o subir el volumen?**
   a) autoplay
   b) controls
   c) loop
   d) poster

4. **¿Por qué es recomendable usar el atributo loading="lazy" en imágenes en una página web?**
   a) Para que las imágenes se carguen más rápido al principio
   b) Para mejorar la experiencia de usuario, cargando imágenes solo cuando son visibles en la pantalla
   c) Para hacer que las imágenes se descarguen siempre en alta calidad
   d) Para reducir el tamaño de la imagen

5. **¿Cuál es el propósito de usar el formato de video MP4 en lugar de otros formatos como OGG o WebM?**
   a) El MP4 tiene la mejor calidad sin necesidad de compresión
   b) Es el formato más ampliamente soportado en todos los navegadores
   c) MP4 es el único formato que permite streaming
   d) MP4 es menos pesado que los otros formatos

6. **El uso de formatos de video como WebM y OGG garantiza una mayor compatibilidad con todos los navegadores.**
   - **Falso**
   - **Verdadero**

7. **El formato MP3 es una buena opción para audio debido a su compresión y amplia compatibilidad.**
   - Falso
   - Verdadero

8. **Los archivos de audio no pueden tener múltiples fuentes de formato en HTML.**
   - Falso
   - Verdadero

9. **Las imágenes en formato PNG siempre deben ser utilizadas para todas las imágenes debido a su alta calidad.**
   - Falso
   - Verdadero

10. **La optimización de imágenes no tiene impacto significativo en la velocidad de carga de una página web.**
   - Falso
   - Verdadero

Actividad de refuerzo en casa (tarea):

____

____

____

Recuperación: ☐   ☐

____

___

Rubrica

	INDICADORES			
	DOMINA	ALCANZA	EN PROCESO	NO ALCANZA
CRITERIO	10 - 9	8 - 7	6 - 4	3 - 0
1. Comprensión Teórica	El estudiante domina el contenido de la temática.	El estudiante comprende el contenido de la temática.	El estudiante comprende mediamente el contenido de la temática.	El estudiante no alcanza a comprender el contenido de la temática.
2. Comprensión Práctica	El estudiante cumple a cabalidad con el desarrollo práctico del tema.	El estudiante cumple con el desarrollo práctico del tema.	El estudiante realiza medianamente el desarrollo práctico del tema.	El estudiante no alcanza a realizar el desarrollo práctico del tema.
3. Redacción y Ortografía.	El contenido está escrito correctamente, distribuido en párrafos, y utiliza adecuadamente las reglas de ortografía.	La mayor parte del texto está escrito correctamente, existen dos o tres errores ortográficos.	El texto presenta algunos errores de coherencia y cohesión, existen cuatro o cinco errores ortográficos.	El texto presenta demasiados errores de coherencia y cohesión, existen más de seis errores ortográficas.
4. Organización y Bibliografía.	El contenido presenta organización en una secuencia lógica que facilita su comprensión. Todas las fuentes de información están incorporadas y ordenadas adecuadamente.	La secuencia del contenido es lógica, pero tiene algunas ideas incompletas. La bibliografía está incompleta pero ordenada.	El texto tiene fallas en la secuencia lógica que impiden comprenderlo completamente. La bibliografía es escasa, pero está ordenada.	El contenido está desorganizado y es muy difícil seguir la secuencia de ideas. No incluye bibliografía.

	INDICADORES			
	DOMINA	ALCANZA	EN PROCESO	NO ALCANZA
CRITERIO	10 - 9	8 - 7	6 - 4	3 - 0
1. Comprensión Teórica				
2. Comprensión Práctica				
3. Redacción y Ortografía.				
4. Organización y Bibliografía.				

Observación:____

____

____

____

Animaciones Básicas con CSS: Crear Efectos Simples

Las animaciones en CSS permiten agregar interactividad y dinamismo a una página web, mejorando la experiencia del usuario. Se pueden usar para crear efectos como desvanecimientos, deslizamientos y movimientos suaves de los elementos.

A continuación, te guiaré sobre cómo crear **animaciones simples** usando **CSS**.

1. ¿Qué es una animación en CSS?

Una animación en CSS se crea utilizando las propiedades @keyframes y los atributos animation. Las animaciones permiten cambiar los estilos de los elementos de forma gradual durante un período de tiempo determinado.

Sintaxis Básica de Animaciones en CSS:

```css
@keyframes nombre-de-la-animacion {
  from {
    /* Estado inicial */
    propiedad1: valor1;
    propiedad2: valor2;
  }
  to {
    /* Estado final */
    propiedad1: valor3;
    propiedad2: valor4;
  }
}


.elemento {
  animation: nombre-de-la-animacion tiempo-de-duracion tipo-de-tiempos;
}
```

- **@keyframes**: Define los estados de la animación.
- **animation**: Aplica la animación al elemento y le da parámetros como duración y tipo de repetición.

2. Animación de Desvanecimiento (Fade)

Uno de los efectos más comunes es el **desvanecimiento** (fade), donde un elemento aparece o desaparece de forma suave.

Ejemplo de Desvanecimiento:

```html
<!DOCTYPE html>
<html lang="es">
<head>
  <meta charset="UTF-8">
  <meta name="viewport" content="width=device-width, initial-scale=1.0">
  <title>Animación de Desvanecimiento</title>
  <style>
    @keyframes fade {
      from {
        opacity: 0; /* Comienza completamente transparente */
      }
      to {
        opacity: 1; /* Termina completamente visible */
      }
    }

    .fade {
```

```html
    animation: fade 3s ease-in-out;
  }
 </style>
</head>
<body>
 <h1 class="fade">¡Hola! Este texto se desvanece.</h1>
</body>
</html>
```

Explicación:

- **@keyframes fade**: Define una animación llamada "fade" que cambia la propiedad opacity de 0 a 1.
- **.fade**: Aplica la animación al <h1>, con una duración de 3 segundos, utilizando la función de tiempo ease-in-out (una aceleración suave al inicio y al final).

3. Animación de Deslizamiento (Slide)

Otra animación básica es el **deslizamiento**, donde un elemento se mueve de una posición a otra, como un deslizar de izquierda a derecha.

Ejemplo de Deslizamiento:

```html
<!DOCTYPE html>
<html lang="es">
<head>
 <meta charset="UTF-8">
 <meta name="viewport" content="width=device-width, initial-scale=1.0">
 <title>Animación de Deslizamiento</title>
 <style>
  @keyframes slide {
   from {
    transform: translateX(-100%); /* Comienza fuera de la pantalla a la izquierda */
   }
   to {
    transform: translateX(0); /* Termina en su posición original */
   }
  }

  .slide {
   animation: slide 2s ease-in-out;
  }
 </style>
</head>
<body>
 <div class="slide" style="width: 200px; height: 100px; background-color: lightblue;">
  Este div se desliza desde la izquierda.
 </div>
</body>
</html>
```

Explicación:

- **@keyframes slide**: Define la animación "slide", que mueve el elemento desde fuera de la pantalla (a la izquierda) hacia su posición original utilizando la propiedad transform: translateX().
- **.slide**: Aplica la animación a un div, con una duración de 2 segundos.

4. Animación de Escalado (Scale)

El **escala** es un efecto que cambia el tamaño de un elemento de forma gradual, haciéndolo crecer o disminuir.

Ejemplo de Escalado:

```html
<!DOCTYPE html>
<html lang="es">
<head>
  <meta charset="UTF-8">
  <meta name="viewport" content="width=device-width, initial-scale=1.0">
  <title>Animación de Escalado</title>
  <style>
   @keyframes scale {
     from {
       transform: scale(0.5); /* Comienza más pequeño */
     }
     to {
       transform: scale(1); /* Termina en su tamaño original */
     }
   }

   .scale {
     animation: scale 1.5s ease-out;
   }
  </style>
</head>
<body>
  <div class="scale" style="width: 200px; height: 200px; background-color: lightcoral;">
    Este div crece gradualmente.
  </div>
</body>
</html>
```

Explicación:
- **@keyframes scale**: Define la animación "scale", que cambia el tamaño del elemento de 0.5 a 1 utilizando la propiedad transform: scale().
- **.scale**: Aplica la animación al div, con una duración de 1.5 segundos.

5. Animación de Rotación (Rotate)

La animación de **rotación** es un efecto simple que hace que un elemento gire sobre su propio eje.

Ejemplo de Rotación:

```html
<!DOCTYPE html>
<html lang="es">
<head>
  <meta charset="UTF-8">
  <meta name="viewport" content="width=device-width, initial-scale=1.0">
  <title>Animación de Rotación</title>
  <style>
   @keyframes rotate {
     from {
       transform: rotate(0deg); /* Comienza sin rotación */
     }
     to {
```

```css
    transform: rotate(360deg); /* Gira completamente */
    }
  }
  .rotate {
    animation: rotate 3s linear infinite;
  }
 </style>
</head>
<body>
 <div class="rotate" style="width: 100px; height: 100px; background-color: lightgreen;">
   Este div gira continuamente.
 </div>
</body>
</html>
```

Explicación:

- **@keyframes rotate**: Define la animación "rotate", que rota el elemento desde 0 grados hasta 360 grados.
- **.rotate**: Aplica la animación al div, con una duración de 3 segundos y una rotación infinita debido al valor infinite.

6. Combina Varios Efectos en Una Animación

Puedes combinar múltiples efectos en una sola animación para hacer transiciones más complejas.

Ejemplo de Combinación de Efectos (Desvanecimiento y Deslizamiento):

```html
<!DOCTYPE html>
<html lang="es">
<head>
 <meta charset="UTF-8">
 <meta name="viewport" content="width=device-width, initial-scale=1.0">
 <title>Combinación de Efectos</title>
 <style>
  @keyframes fade-slide {
   from {
     opacity: 0;
     transform: translateX(-100%);
   }
   to {
     opacity: 1;
     transform: translateX(0);
   }
  }
  .fade-slide {
    animation: fade-slide 2s ease-in-out;
  }
 </style>
</head>
<body>
 <div class="fade-slide" style="width: 200px; height: 100px; background-color: lightgoldenrodyellow;">
   Este div se desvanece y se desliza al mismo tiempo.
 </div>
</body>
```

</html>
Explicación:

- **@keyframes fade-slide**: Define una animación que combina el desvanecimiento (opacity) y el deslizamiento (transform).
- **.fade-slide**: Aplica ambas animaciones al div, haciéndolo desaparecer y deslizarse al mismo tiempo.

1. **1. ¿Qué propiedad en CSS se utiliza para definir las animaciones en una página web?**
   a) @keyframes
   b) animation
   c) transition
   d) transform

2. **En una animación CSS, ¿cuál es el propósito del atributo from dentro de @keyframes?**
   a) Establece el estado final de la animación.
   b) Define el estado inicial de la animación.
   c) Controla la duración de la animación.
   d) Define los estilos que deben repetirse durante la animación.

3. **¿Cuál es la función del valor infinite en la propiedad animation?**
   a) Hace que la animación se repita una sola vez.
   b) Hace que la animación se repita un número específico de veces.
   c) Hace que la animación se repita indefinidamente.
   d) Hace que la animación se reproduzca más lentamente.

4. **En una animación CSS, ¿qué propiedad se usa para especificar el tiempo que durará la animación?**
   a) duration
   b) time
   c) animation-duration
   d) transition-duration

5. **¿Cuál es el resultado de utilizar el valor ease-in-out en el atributo animation-timing-function?**
   a) La animación comienza y termina rápidamente.
   b) La animación comienza lenta y termina rápida.
   c) La animación comienza rápida y termina lenta.
   d) La animación comienza y termina lentamente.

6. **El atributo @keyframes define la animación, pero no se puede usar dentro de la propiedad animation en un elemento HTML.**
   o Falso
   o Verdadero

7. **El valor opacity es un valor comúnmente utilizado para crear animaciones de desvanecimiento en CSS.**
   o Falso
   o Verdadero

8. **La propiedad transform no se puede usar para crear animaciones de movimiento o rotación en CSS.**
   o Falso
   o Verdadero

9. **El atributo animation se utiliza para especificar la dirección del movimiento de una animación.**
   o Falso

o Verdadero
10. **Se puede usar la propiedad @keyframes para animar varias propiedades CSS de manera simultánea.**
    o Falso
    o Verdadero

Actividad de refuerzo en casa (tarea):

____

____

____

Recuperación: ☐   ☐

____

___
Rubrica

	INDICADORES			
	DOMINA	ALCANZA	EN PROCESO	NO ALCANZA
CRITERIO	10 - 9	8 - 7	6 - 4	3 - 0
1. Comprensión Teórica	El estudiante domina el contenido de la temática.	El estudiante comprende el contenido de la temática.	El estudiante comprende medianamente el contenido de la temática.	El estudiante no alcanza a comprender el contenido de la temática.
2. Comprensión Práctica	El estudiante cumple a cabalidad con el desarrollo práctico del tema.	El estudiante cumple con el desarrollo práctico del tema.	El estudiante realiza medianamente el desarrollo práctico del tema.	El estudiante no alcanza a realizar el desarrollo práctico del tema.
3. Redacción y Ortografía.	El contenido está escrito correctamente, distribuido en párrafos, y utiliza adecuadamente las reglas de ortografía.	La mayor parte del texto está escrito correctamente, existen dos o tres errores ortográficos.	El texto presenta algunos errores de coherencia y cohesión, existen cuatro o cinco errores ortográficos.	El texto presenta demasiados errores de coherencia y cohesión, existen más de seis errores ortográficas.
4. Organización y Bibliografía.	El contenido presenta organización en una secuencia lógica que facilita su comprensión. Todas las fuentes de información están incorporadas y ordenadas adecuadamente.	La secuencia del contenido es lógica, pero tiene algunas ideas incompletas. La bibliografía está incompleta pero ordenada.	El texto tiene fallas en la secuencia lógica que impiden comprenderlo completamente. La bibliografía es escasa, pero está ordenada.	El contenido está desorganizado y es muy difícil seguir la secuencia de ideas. No incluye bibliografía.

	INDICADORES			
	DOMINA	ALCANZA	EN PROCESO	NO ALCANZA
CRITERIO	10 - 9	8 - 7	6 - 4	3 - 0
1. Comprensión Teórica				
2. Comprensión Práctica				
3. Redacción y Ortografía.				
4. Organización y Bibliografía.				

Observación:____

____

____

____

Introducción a JavaScript: Escribir un Script Básico de JavaScript para Mostrar una Alerta

JavaScript es un lenguaje de programación que se utiliza para hacer que las páginas web sean interactivas. Uno de los ejemplos más sencillos de cómo usar JavaScript es mostrando una **alerta** al cargar la página.

A continuación, te guiaré paso a paso para crear un script básico que muestre una alerta cuando se carga la página web.

1. Estructura Básica de un Documento HTML

Para integrar JavaScript en una página web, se puede incluir dentro de las etiquetas <script> dentro del archivo HTML. Este es un ejemplo básico de cómo estructurar el documento HTML.

2. Código HTML y JavaScript:

html
Copiar

```html
<!DOCTYPE html>
<html lang="es">
<head>
   <meta charset="UTF-8">
   <meta name="viewport" content="width=device-width, initial-scale=1.0">
   <title>Alerta con JavaScript</title>
</head>
<body>
   <h1>Bienvenido a la página</h1>

   <script>
     // Este script muestra una alerta cuando se carga la página
     window.onload = function() {
        alert("¡Bienvenido a la página web!");
     };
   </script>
</body>
</html>
```

Explicación del Código:

1. **Estructura HTML**:
   - El archivo contiene la estructura básica de una página web HTML.
   - Dentro del <head>, se encuentran los metadatos como el título y la codificación de caracteres.
   - En el <body>, se incluye un encabezado <h1> con el texto "Bienvenido a la página".
2. **Script de JavaScript**:
   - **<script>**: Es una etiqueta que contiene el código JavaScript.
   - **window.onload**: Este evento se dispara cuando toda la página web se ha cargado por completo.
   - **alert()**: Muestra una ventana emergente con el mensaje que se pasa como argumento, en este caso, "¡Bienvenido a la página web!".

3. ¿Cómo Funciona?
   - Al cargar la página en el navegador, se ejecuta el código JavaScript dentro de la etiqueta <script>.
   - La función window.onload garantiza que el script se ejecute solo cuando todos los elementos de la página hayan sido completamente cargados.
   - La función alert() muestra un cuadro de diálogo con el mensaje indicado.

1. **¿Cuál es la función de window.onload en JavaScript?**
2. a) Ejecuta el código JavaScript cuando el usuario hace clic en un enlace.
   b) Ejecuta el código JavaScript después de que la página se haya cargado completamente.
   c) Ejecuta el código JavaScript inmediatamente después de la ejecución del navegador.
   d) Ejecuta el código JavaScript solo si el navegador está actualizado.

3. **¿Qué hace el método alert() en JavaScript?**
   a) Muestra un cuadro de texto donde el usuario puede escribir.
   b) Muestra una alerta con un mensaje y un botón para cerrar.
   c) Despliega un formulario en la página.
   d) Abre una nueva ventana del navegador.

4. **¿Dónde se debe colocar un script de JavaScript dentro de una página HTML para que funcione correctamente al cargar la página?**
   a) Dentro de la etiqueta <head>.
   b) Dentro de la etiqueta <body>, antes de cualquier contenido.
   c) Dentro de la etiqueta <script>, en cualquier lugar de la página.
   d) Dentro de la etiqueta <body>, al final del contenido.

5. **¿Qué propiedad de JavaScript permite ejecutar un código cuando toda la página ha cargado correctamente?**
   a) window.onload
   b) document.ready
   c) body.onload
   d) window.alert

5. **El método alert() es una forma común de mostrar mensajes en JavaScript.**
   o Verdadero
   o Falso

Actividad de refuerzo en casa (tarea):

____

____

____

Recuperación: ☐   ☐

____

___
Rubrica

	INDICADORES			
	DOMINA	**ALCANZA**	**EN PROCESO**	**NO ALCANZA**
CRITERIO	10 - 9	8 - 7	6 - 4	3 - 0
1. Comprensión Teórica	El estudiante domina el contenido de la temática.	El estudiante comprende el contenido de la temática.	El estudiante comprende mediamente el contenido de la temática.	El estudiante no alcanza a comprender el contenido de la temática.
2. Comprensión Práctica	El estudiante cumple a cabalidad con el desarrollo práctico del tema.	El estudiante cumple con el desarrollo práctico del tema.	El estudiante realiza medianamente el desarrollo práctico del tema.	El estudiante no alcanza a realizar el desarrollo práctico del tema.
3. Redacción y Ortografía.	El contenido está escrito correctamente, distribuido en párrafos, y utiliza adecuadamente las reglas de ortografía.	La mayor parte del texto está escrito correctamente, existen dos o tres errores ortográficos.	El texto presenta algunos errores de coherencia y cohesión, existen cuatro o cinco errores ortográficos.	El texto presenta demasiados errores de coherencia y cohesión, existen más de seis errores ortográficas.
4. Organización y Bibliografía.	El contenido presenta organización en una secuencia lógica que facilita su comprensión. Todas las fuentes de información están incorporadas y ordenadas adecuadamente.	La secuencia del contenido es lógica, pero tiene algunas ideas incompletas. La bibliografía está incompleta pero ordenada.	El texto tiene fallas en la secuencia lógica que impiden comprenderlo completamente. La bibliografía es escasa, pero está ordenada.	El contenido está desorganizado y es muy difícil seguir la secuencia de ideas. No incluye bibliografía.

	INDICADORES			
	DOMINA	**ALCANZA**	**EN PROCESO**	**NO ALCANZA**
CRITERIO	10 - 9	8 - 7	6 - 4	3 - 0
1. Comprensión Teórica				
2. Comprensión Práctica				
3. Redacción y Ortografía.				
4. Organización y Bibliografía.				

Observación:____

____

____

____

Interacción con el DOM: Modificar Dinámicamente el Contenido de una Página Web

La **interacción con el DOM (Document Object Model)** es una de las funcionalidades más poderosas de **JavaScript**. A través del DOM, JavaScript puede acceder y modificar los elementos de una página web, lo que permite cambiar contenido, atributos, estilos y mucho más sin tener que recargar la página.

En este ejercicio, vamos a crear un script en **JavaScript** que modifique dinámicamente el contenido de una página web. El ejemplo consistirá en cambiar el texto de un párrafo al hacer clic en un botón.

1. Estructura HTML Básica

Para empezar, necesitamos un archivo HTML que tenga un párrafo y un botón. El objetivo es cambiar el texto del párrafo cuando se haga clic en el botón.

```html
<!DOCTYPE html>
<html lang="es">
<head>
  <meta charset="UTF-8">
  <meta name="viewport" content="width=device-width, initial-scale=1.0">
  <title>Interacción con el DOM</title>
</head>
<body>

  <!-- Párrafo cuyo contenido se modificará -->
  <p id="texto">Este es el texto original. Haz clic en el botón para cambiarlo.</p>

  <!-- Botón que modificará el contenido del párrafo -->
  <button id="boton">Cambiar texto</button>

  <script>
    // Obtener el botón y el párrafo usando sus IDs
    var boton = document.getElementById("boton");
    var texto = document.getElementById("texto");

    // Agregar un evento "click" al botón
    boton.addEventListener("click", function() {
      // Cambiar el contenido del párrafo cuando se haga clic en el botón
      texto.innerHTML = "¡El texto ha sido cambiado!";
    });
  </script>

</body>
</html>
```

Explicación del Código
1. **Estructura HTML**:
   - Se tiene un párrafo (<p>) con el id="texto", que es el elemento cuyo contenido vamos a cambiar.
   - Se incluye un botón (<button>) con el id="boton", que servirá para disparar el evento que modificará el texto del párrafo.
2. **JavaScript**:
   - Usamos document.getElementById("boton") para seleccionar el botón, y document.getElementById("texto") para seleccionar el párrafo.

- o Usamos addEventListener("click", ...) para agregar un **event listener** al botón. Esto significa que cuando el usuario haga clic en el botón, se ejecutará la función proporcionada.
- o Dentro de la función, texto.innerHTML = "¡El texto ha sido cambiado!"; se usa para cambiar el contenido del párrafo. El atributo innerHTML permite modificar el contenido HTML dentro del elemento seleccionado.

2. ¿Cómo Funciona?

1. Cuando la página web se carga, el contenido del párrafo es: **"Este es el texto original. Haz clic en el botón para cambiarlo."**
2. Cuando el usuario hace clic en el botón, el **event listener** detecta el clic y ejecuta la función que cambia el texto dentro del párrafo.
3. El texto del párrafo se actualiza a: **"¡El texto ha sido cambiado!"**

3. Personalización: Cambiar el Estilo del Texto al Hacer Clic

Además de cambiar el texto, también puedes modificar el **estilo** del elemento al hacer clic. Por ejemplo, podríamos cambiar el color del texto después de que se haya modificado.

```
<script>
    // Obtener el botón y el párrafo usando sus IDs
    var boton = document.getElementById("boton");
    var texto = document.getElementById("texto");

    // Agregar un evento "click" al botón
    boton.addEventListener("click", function() {
        // Cambiar el contenido del párrafo cuando se haga clic en el botón
        texto.innerHTML = "¡El texto ha sido cambiado!";

        // Cambiar el color del texto
        texto.style.color = "blue"; // Cambia el color del texto a azul
    });
</script>
```

Explicación Adicional:

- **texto.style.color = "blue";**: Esto cambia el color del texto del párrafo a azul usando JavaScript.

Actividad de refuerzo en casa (tarea):

____

____

____

____

1. **¿Cuál es el propósito de document.getElementById() en JavaScript?**
   a) Crear un nuevo elemento en la página.
   b) Seleccionar un elemento del DOM por su ID.
   c) Modificar el estilo de un elemento.
   d) Agregar un evento a un elemento.

2. **¿Qué hace el método innerHTML en JavaScript?**
   a) Cambia el estilo de un elemento.
   b) Modifica el contenido HTML de un elemento seleccionado.
   c) Añade un nuevo elemento al DOM.
   d) Ejecuta una función cuando se hace clic en un elemento.

3. **¿Qué propiedad de JavaScript se utiliza para añadir un event listener a un elemento?**
   a) addEventListener()
   b) addClickListener()
   c) setClick()
   d) clickListener()

4. **En el código texto.innerHTML = "Nuevo texto";, ¿qué significa texto?**
   a) Es una variable que contiene un string.
   b) Es una referencia a un elemento del DOM.
   c) Es el ID de un elemento en la página.
   d) Es el nombre de una función.

5. **¿Cómo se llama al evento que ocurre cuando un usuario hace clic en un botón en JavaScript?**
   a) onclick
   b) onload
   c) onfocus
   d) onmouseover

6. **El método addEventListener() permite asociar un evento (como un clic) a un elemento del DOM.**
   o Verdadero
   o Falso

7. **El atributo innerHTML se usa para cambiar los atributos de un elemento HTML, como su clase o su id.**
   o Verdadero
   o Falso

8. **Al usar getElementById(), JavaScript selecciona un elemento del DOM utilizando su nombre de clase.**
   o Verdadero
   o Falso

9. **Se puede cambiar el estilo de un elemento usando element.style.property en JavaScript.**
   o Verdadero
   o Falso

10. **Es necesario recargar la página para que los cambios realizados mediante JavaScript en el DOM tengan efecto.**
    o Verdadero
    o Falso

Actividad de refuerzo en casa (tarea):

____

____

____

Recuperación: ☐   ☐

____

Rubrica

	INDICADORES			
	DOMINA	ALCANZA	EN PROCESO	NO ALCANZA
CRITERIO	10 - 9	8 - 7	6 - 4	3 - 0
1. Comprensión Teórica	El estudiante domina el contenido de la temática.	El estudiante comprende el contenido de la temática.	El estudiante comprende mediamente el contenido de la temática.	El estudiante no alcanza a comprender el contenido de la temática.
2. Comprensión Práctica	El estudiante cumple a cabalidad con el desarrollo práctico del tema.	El estudiante cumple con el desarrollo práctico del tema.	El estudiante realiza medianamente el desarrollo práctico del tema.	El estudiante no alcanza a realizar el desarrollo práctico del tema.
3. Redacción y Ortografía.	El contenido está escrito correctamente, distribuido en párrafos, y utiliza adecuadamente las reglas de ortografía.	La mayor parte del texto está escrito correctamente, existen dos o tres errores ortográficos.	El texto presenta algunos errores de coherencia y cohesión, existen cuatro o cinco errores ortográficos.	El texto presenta demasiados errores de coherencia y cohesión, existen más de seis errores ortográficas.
4. Organización y Bibliografía.	El contenido presenta organización en una secuencia lógica que facilita su comprensión. Todas las fuentes de información están incorporadas y ordenadas adecuadamente.	La secuencia del contenido es lógica, pero tiene algunas ideas incompletas. La bibliografía está incompleta pero ordenada.	El texto tiene fallas en la secuencia lógica que impiden comprenderlo completamente. La bibliografía es escasa, pero está ordenada.	El contenido está desorganizado y es muy difícil seguir la secuencia de ideas. No incluye bibliografía.

	INDICADORES			
	DOMINA	ALCANZA	EN PROCESO	NO ALCANZA
CRITERIO	10 - 9	8 - 7	6 - 4	3 - 0
1. Comprensión Teórica				
2. Comprensión Práctica				
3. Redacción y Ortografía.				
4. Organización y Bibliografía.				

Observación:____

____

____

____

Validación de Formularios con JavaScript

La **validación de formularios** es una de las tareas más comunes al trabajar con **JavaScript**. Es fundamental para asegurar que los datos ingresados por los usuarios sean correctos y completos antes de enviarlos al servidor.

En este ejemplo, vamos a crear un formulario con varios campos y utilizar JavaScript para validar que todos los campos estén llenos antes de que el formulario se envíe.

1. Estructura Básica del Formulario HTML

Primero, creamos un formulario básico con algunos campos (como nombre, correo electrónico y mensaje), además de un botón para enviar el formulario.

```html
<!DOCTYPE html>
<html lang="es">
<head>
  <meta charset="UTF-8">
  <meta name="viewport" content="width=device-width, initial-scale=1.0">
  <title>Formulario de Contacto</title>
</head>
<body>

  <h2>Formulario de Contacto</h2>

  <!-- Formulario con campos de nombre, correo y mensaje -->
  <form id="formularioContacto" onsubmit="return validarFormulario()">
    <label for="nombre">Nombre:</label>
    <input type="text" id="nombre" name="nombre"><br><br>

    <label for="correo">Correo electrónico:</label>
    <input type="email" id="correo" name="correo"><br><br>

    <label for="mensaje">Mensaje:</label><br>
    <textarea id="mensaje" name="mensaje" rows="4" cols="50"></textarea><br><br>

    <button type="submit">Enviar</button>
  </form>

  <script>
    // Función de validación
    function validarFormulario() {
      // Obtener los valores de los campos
      var nombre = document.getElementById("nombre").value;
      var correo = document.getElementById("correo").value;
      var mensaje = document.getElementById("mensaje").value;

      // Validar que todos los campos estén llenos
      if (nombre === "" || correo === "" || mensaje === "") {
        alert("Todos los campos deben ser llenados.");
        return false;  // Evitar que el formulario se envíe
      }

      // Validar formato del correo electrónico
      var correoRegex = /^[a-zA-Z0-9._-]+@[a-zA-Z0-9.-]+\.[a-zA-Z]{2,6}$/;
```

```javascript
      if (!correoRegex.test(correo)) {
        alert("Por favor, ingresa un correo electrónico válido.");
        return false;  // Evitar que el formulario se envíe
      }

      // Si todo es correcto, el formulario se enviará
      return true;
    }
  </script>
```

```html
</body>
</html>
```

Explicación del Código

1. **Formulario HTML**:
   - El formulario tiene tres campos:
     - **Nombre**: un campo de texto para ingresar el nombre.
     - **Correo electrónico**: un campo para ingresar el correo.
     - **Mensaje**: un área de texto donde el usuario puede escribir su mensaje.
   - El formulario tiene un **botón de envío** y utiliza el atributo onsubmit="return validarFormulario()", que llama a la función JavaScript validarFormulario() cuando el usuario intenta enviar el formulario.
2. **Validación con JavaScript**:
   - **Obtenemos los valores de los campos**: Usamos document.getElementById("id").value para obtener el valor de cada campo del formulario.
   - **Comprobación de campos vacíos**: Si alguno de los campos está vacío, mostramos una alerta y evitamos que el formulario se envíe usando return false;.
   - **Validación del correo electrónico**: Usamos una expresión regular (correoRegex) para asegurarnos de que el correo electrónico ingresado tenga un formato válido. Si no es válido, mostramos una alerta y evitamos el envío del formulario.
   - **Si todo está correcto**: Si los campos están completos y el correo tiene un formato válido, el formulario se enviará y return true; permite el envío del formulario.

2. ¿Cómo Funciona?

1. **El usuario ingresa datos en el formulario**: Llena los campos de nombre, correo electrónico y mensaje.
2. **El usuario hace clic en el botón "Enviar"**: Esto desencadena el evento onsubmit, que llama a la función validarFormulario().
3. **JavaScript verifica los campos**:
   - Si alguno de los campos está vacío, muestra una alerta y evita que el formulario se envíe.
   - Si el correo electrónico no tiene el formato correcto, muestra otra alerta y también evita el envío del formulario.
4. **Si todos los campos están llenos y el correo es válido**, el formulario se envía con los datos.

3. Personalización: Validación Adicional

Puedes agregar más validaciones según lo que necesites. Por ejemplo:

- **Longitud mínima de un campo** (como el nombre o el mensaje).
- **Verificación de contraseñas** (si estás haciendo un formulario de registro).
- **Validar un campo numérico** (como un teléfono o una edad).

```
// Ejemplo: Validar que el nombre tenga al menos 3 caracteres
if (nombre.length < 3) {
    alert("El nombre debe tener al menos 3 caracteres.");
    return false;
}
```

Evaluación

1. **¿Qué sucede cuando un campo de formulario está vacío y la validación de JavaScript muestra un mensaje de alerta?**
   a) El formulario se envía de todos modos.
   b) El formulario se envía, pero el mensaje no aparece.
   c) El formulario no se envía y el mensaje de alerta aparece.
   d) El campo vacío se llena automáticamente.

2. **¿Cuál de los siguientes métodos de JavaScript se utiliza para obtener el valor de un campo en un formulario?**
   a) getElementById("id").setValue()
   b) getElementById("id").getValue()
   c) getElementById("id").value
   d) getElementById("id").innerHTML

3. **¿Qué hace la expresión regular /^[a-zA-Z0-9._-]+@[a-zA-Z0-9.-]+\.[a-zA-Z]{2,6}$/ utilizada en la validación de un correo electrónico?**
   a) Verifica que el correo electrónico esté vacío.
   b) Verifica que el correo electrónico tenga un formato válido.
   c) Reemplaza el valor del correo electrónico con un correo predeterminado.
   d) Cambia el color del correo electrónico en la página.

4. **¿Qué sucede si una función de validación devuelve false?**
   a) El formulario se envía.
   b) El formulario no se envía.
   c) La página se recarga.
   d) El formulario se envía con los valores predeterminados.

5. **¿Cómo se puede agregar una alerta en JavaScript?**
   a) alert("mensaje");
   b) window.alert("mensaje");
   c) console.log("mensaje");
   d) Ambas a) y b)

6. **La validación de formularios con JavaScript se realiza antes de que el formulario sea enviado al servidor.**
   - Verdadero
   - Falso

7. **Es imposible validar un formulario sin recargar la página utilizando JavaScript.**
   - Verdadero
   - Falso

8. **La validación de un correo electrónico con una expresión regular es innecesaria si el campo tiene el atributo type="email" en HTML.**
   - Verdadero
   - Falso

9. **Se puede usar JavaScript para mostrar un mensaje de alerta si algún campo está vacío.**
    - o Verdadero
    - o Falso
10. **Si un formulario tiene un campo obligatorio y el usuario no lo llena, la página se enviará de todas maneras.**
    - o Verdadero
    - o Falso

Actividad de refuerzo en casa (tarea):

____

Recuperación:

____

Rubrica

	INDICADORES			
	DOMINA	**ALCANZA**	**EN PROCESO**	**NO ALCANZA**
CRITERIO	10 - 9	8 - 7	6 - 4	3 - 0
1. Comprensión Teórica	El estudiante domina el contenido de la temática.	El estudiante comprende el contenido de la temática.	El estudiante comprende medianamente el contenido de la temática.	El estudiante no alcanza a comprender el contenido de la temática.
2. Comprensión Práctica	El estudiante cumple a cabalidad con el desarrollo práctico del tema.	El estudiante cumple con el desarrollo práctico del tema.	El estudiante realiza medianamente el desarrollo práctico del tema.	El estudiante no alcanza a realizar el desarrollo práctico del tema.
3. Redacción y Ortografía.	El contenido está escrito correctamente, distribuido en párrafos, y utiliza adecuadamente las reglas de ortografía.	La mayor parte del texto está escrito correctamente, existen dos o tres errores ortográficos.	El texto presenta algunos errores de coherencia y cohesión, existen cuatro o cinco errores ortográficos.	El texto presenta demasiados errores de coherencia y cohesión, existen más de seis errores ortográficas.
4. Organización y Bibliografía.	El contenido presenta organización en una secuencia lógica que facilita su comprensión. Todas las fuentes de información están incorporadas y ordenadas adecuadamente.	La secuencia del contenido es lógica, pero tiene algunas ideas incompletas. La bibliografía está incompleta pero ordenada.	El texto tiene fallas en la secuencia lógica que impiden comprenderlo completamente. La bibliografía es escasa, pero está ordenada.	El contenido está desorganizado y es muy difícil seguir la secuencia de ideas. No incluye bibliografía.

	INDICADORES			
	DOMINA	ALCANZA	EN PROCESO	NO ALCANZA
CRITERIO	10 - 9	8 - 7	6 - 4	3 - 0
1. Comprensión Teórica				
2. Comprensión Práctica				
3. Redacción y Ortografía.				
4. Organización y Bibliografía.				

Observación:____

____

____

____

Uso de Variables y Operadores en JavaScript

En esta lección, vamos a explorar cómo trabajar con **variables** y **operadores** en **JavaScript**. Las variables son esenciales para almacenar datos, y los operadores nos permiten realizar operaciones con esos datos. Estos son fundamentos básicos para programar en JavaScript y sirven como base para muchas otras operaciones más complejas.

1. Variables en JavaScript

Las **variables** son contenedores que nos permiten almacenar y manipular valores. Para declarar una variable en JavaScript, se pueden usar tres palabras clave:

- **var**: La forma más antigua para declarar variables.
- **let**: Es la forma moderna, con un alcance limitado al bloque de código.
- **const**: Se usa para declarar variables cuyo valor no cambia.

Ejemplo de declaración de variables:

javascript
Copiar

```
let numero = 10;  // Variable con valor numérico
const saludo = "¡Hola, mundo!";  // Variable constante (no se puede cambiar)
var edad = 25;  // Variable declarada con 'var'
```

2. Operadores en JavaScript

Los **operadores** nos permiten realizar distintas operaciones con las variables o valores. Los principales tipos de operadores en JavaScript son:

Operadores Aritméticos

Permiten realizar operaciones matemáticas.

- **+**: Suma
- **-**: Resta
- *****: Multiplicación
- **/**: División
- **%**: Módulo (resto de la división)
- **++**: Incremento (aumenta en 1)
- **--**: Decremento (disminuye en 1)

Ejemplo de operadores aritméticos:

javascript
Copiar

```
let a = 10;
let b = 5;

let suma = a + b;  // 15
let resta = a - b;  // 5
let multiplicacion = a * b;  // 50
let division = a / b;  // 2
let modulo = a % b;  // 0

a++;  // a es ahora 11
b--;  // b es ahora 4
```

Operadores de Asignación

Nos permiten asignar valores a las variables de forma directa o realizando operaciones.

- **=**: Asignación simple.
- **+=**: Suma y asigna.
- **-=**: Resta y asigna.
- ***=**: Multiplica y asigna.

- **/=**: Divide y asigna.

Ejemplo de operadores de asignación:
javascript
Copiar
```
let x = 10;
x += 5;  // x es ahora 15 (10 + 5)
x -= 3;  // x es ahora 12 (15 - 3)
x *= 2;  // x es ahora 24 (12 * 2)
x /= 4;  // x es ahora 6 (24 / 4)
```

Operadores Lógicos
Permiten realizar comparaciones o verificar condiciones.
- **&&**: AND (Y lógico)
- **||**: OR (O lógico)
- **!**: NOT (Negación)

Ejemplo de operadores lógicos:
javascript
Copiar
```
let esAdulto = true;
let tieneLicencia = false;

let puedeConducir = esAdulto && tieneLicencia;  // false (no tiene licencia)
let puedeSalir = esAdulto || tieneLicencia;  // true (es adulto)
let noEsAdulto = !esAdulto;  // false (es adulto)
```

Operadores de Comparación
Se usan para comparar dos valores y devuelven un valor booleano (true o false).
- **==**: Igualdad (sin verificar tipo)
- **===**: Igualdad estricta (verifica tipo y valor)
- **!=**: Desigualdad
- **!==**: Desigualdad estricta
- **>**: Mayor que
- **<**: Menor que
- **>=**: Mayor o igual que
- **<=**: Menor o igual que

Ejemplo de operadores de comparación:
javascript
Copiar
```
let a = 10;
let b = "10";

console.log(a == b);  // true (compara solo valores, no tipos)
console.log(a === b); // false (compara valor y tipo)
console.log(a != b);  // false (son iguales en valor)
console.log(a > 5);  // true
console.log(b < 20);  // true
```

3. Ejemplo Completo
Aquí tienes un ejemplo que utiliza variables y operadores para realizar algunas operaciones simples:
html
Copiar
```
<!DOCTYPE html>
<html lang="es">
```

```html
<head>
  <meta charset="UTF-8">
  <meta name="viewport" content="width=device-width, initial-scale=1.0">
  <title>Uso de Variables y Operadores en JavaScript</title>
</head>
<body>

<h2>Operaciones Básicas con JavaScript</h2>

<script>
  // Declaración de variables
  let num1 = 15;
  let num2 = 4;
  let saludo = "¡Bienvenidos a la práctica de JavaScript!";

  // Operaciones Aritméticas
  let suma = num1 + num2;
  let resta = num1 - num2;
  let multiplicacion = num1 * num2;
  let division = num1 / num2;
  let modulo = num1 % num2;

  // Mostrar resultados
  console.log(saludo);
  console.log("Suma: " + suma);  // Suma: 19
  console.log("Resta: " + resta);  // Resta: 11
  console.log("Multiplicación: " + multiplicacion);  // Multiplicación: 60
  console.log("División: " + division);  // División: 3.75
  console.log("Módulo (resto): " + modulo);  // Módulo (resto): 3

  // Usando operadores lógicos
  let esMayor = num1 > num2;  // true
  let esMenor = num1 < num2;  // false
  console.log("¿num1 es mayor que num2? " + esMayor);
  console.log("¿num1 es menor que num2? " + esMenor);

  // Operador de igualdad
  console.log("¿num1 es igual a num2? " + (num1 === num2));  // false
</script>

</body>
</html>
```

4. Explicación del Código

1. **Declaración de Variables**: Se declaran dos variables numéricas (num1 y num2) y una de tipo string (saludo).
2. **Operaciones Aritméticas**: Se realizan operaciones de suma, resta, multiplicación, división y módulo.
3. **Operadores Lógicos y de Comparación**: Se evalúan expresiones lógicas para verificar si un número es mayor o menor que otro, y se verifica la igualdad entre num1 y num2.

4. **Resultados en la Consola**: Se muestran los resultados de las operaciones en la consola utilizando console.log().

1. **¿Cuál de las siguientes opciones es la forma correcta de declarar una variable en JavaScript?** a) variable = 10;
   b) let variable = 10;
   c) int variable = 10;
   d) var: variable = 10;
2. **¿Qué operador se utiliza para obtener el resto de una división en JavaScript?** a) +
   b) *
   c) /
   d) %
3. **¿Qué hará el siguiente código?**
   javascript
   Copiar
   let x = 10;
   let y = 5;
   x += y;
   a) Restará 5 a x y asignará el resultado a y.
   b) Sumaría 10 y 5 y asignaría el resultado a x.
   c) Sumará 5 a x y asignará el resultado a x.
   d) Dividirá 10 entre 5 y asignará el resultado a x.
4. **¿Qué valor devuelve la comparación 3 === "3" en JavaScript?**
   a) true
   b) false
   c) undefined
   d) NaN
5. **¿Cuál es el operador lógico que se usa para negar una condición en JavaScript?**
   a) &&
   b) ||
   c) !
   d) ==
6. **En JavaScript, las variables declaradas con const pueden cambiar su valor una vez asignado.**
   - Falso
   - Verdadero
7. **El operador += es un operador de asignación que suma el valor del operando de la derecha a la variable de la izquierda.**
   - Falso
   - Verdadero
8. **El operador ++ incrementa una variable en 2 unidades.**
   - Falso
   - Verdadero
9. **El operador == compara solo los valores de las variables, sin importar su tipo.**
   - Falso
   - Verdadero

10. **JavaScript permite realizar operaciones aritméticas como suma, resta, multiplicación y división.**
    - ○ Falso
    - ○ Verdadero
    - ○

____

____

____

Recuperación: ☐   ☐

____

___

Rubrica

	INDICADORES			
	DOMINA	ALCANZA	EN PROCESO	NO ALCANZA
CRITERIO	10 - 9	8 - 7	6 - 4	3 - 0
1. Comprensión Teórica	El estudiante domina el contenido de la temática.	El estudiante comprende el contenido de la temática.	El estudiante comprende medianamente el contenido de la temática.	El estudiante no alcanza a comprender el contenido de la temática.
2. Comprensión Práctica	El estudiante cumple a cabalidad con el desarrollo práctico del tema.	El estudiante cumple con el desarrollo práctico del tema.	El estudiante realiza medianamente el desarrollo práctico del tema.	El estudiante no alcanza a realizar el desarrollo práctico del tema.
3. Redacción y Ortografía.	El contenido está escrito correctamente, distribuido en párrafos, y utiliza adecuadamente las reglas de ortografía.	La mayor parte del texto está escrito correctamente, existen dos o tres errores ortográficos.	El texto presenta algunos errores de coherencia y cohesión, existen cuatro o cinco errores ortográficos.	El texto presenta demasiados errores de coherencia y cohesión, existen más de seis errores ortográficas.
4. Organización y Bibliografía.	El contenido presenta organización en una secuencia lógica que facilita su comprensión. Todas las fuentes de información están incorporadas y ordenadas adecuadamente.	La secuencia del contenido es lógica, pero tiene algunas ideas incompletas. La bibliografía está incompleta pero ordenada.	El texto tiene fallas en la secuencia lógica que impiden comprenderlo completamente. La bibliografía es escasa, pero está ordenada.	El contenido está desorganizado y es muy difícil seguir la secuencia de ideas. No incluye bibliografía.

	INDICADORES			
	DOMINA	ALCANZA	EN PROCESO	NO ALCANZA
CRITERIO	10 - 9	8 - 7	6 - 4	3 - 0
1. Comprensión Teórica				
2. Comprensión Práctica				
3. Redacción y Ortografía.				
4. Organización y Bibliografía.				

Observación:____

____

____

____

Creación de una Galería de Imágenes Interactiva con JavaScript

Vamos a crear una **galería de imágenes interactiva** donde, al hacer clic en una imagen, se mostrará una imagen más grande o se cambiará el contenido visual de la página.

Pasos para Crear la Galería de Imágenes Interactiva:

1. **Estructura HTML**: Usaremos una estructura básica de HTML para colocar las imágenes.
2. **Estilos CSS**: Aplicaremos algunos estilos para que la galería tenga una presentación adecuada.
3. **JavaScript**: Añadiremos el script que cambiará la imagen al hacer clic sobre ellas.

1. Estructura HTML de la Galería

Comenzamos creando un contenedor para la galería con imágenes que el usuario puede seleccionar. También añadiremos un área para mostrar la imagen seleccionada.

```html
<!DOCTYPE html>
<html lang="es">
<head>
   <meta charset="UTF-8">
   <meta name="viewport" content="width=device-width, initial-scale=1.0">
   <title>Galería de Imágenes Interactiva</title>
   <link rel="stylesheet" href="styles.css">
</head>
<body>

   <h2>Galería de Imágenes Interactiva</h2>

   <!-- Imagen grande que se cambia al hacer clic -->
   <div id="main-image">
      <img src="image1.jpg" alt="Imagen Principal" id="large-image">
   </div>

   <!-- Galería de miniaturas -->
   <div class="gallery">
      <img src="image1.jpg" alt="Imagen 1" class="thumbnail" onclick="changeImage('image1.jpg')">
      <img src="image2.jpg" alt="Imagen 2" class="thumbnail" onclick="changeImage('image2.jpg')">
      <img src="image3.jpg" alt="Imagen 3" class="thumbnail" onclick="changeImage('image3.jpg')">
      <img src="image4.jpg" alt="Imagen 4" class="thumbnail" onclick="changeImage('image4.jpg')">
   </div>

   <script src="script.js"></script>
</body>
</html>
```

Explicación del Código HTML:

- En el , se muestra una imagen más grande, que se cambiará dinámicamente al hacer clic en las miniaturas de la galería.
- En la sección de la galería ( ), agregamos varias miniaturas de las imágenes.
- Cada miniatura tiene un **evento onclick** que llama a la función JavaScript changeImage(), pasando el nombre de la imagen seleccionada como argumento.

2. Estilos CSS

Ahora vamos a darle un estilo básico a la galería para que se vea más atractiva y que las imágenes se ajusten adecuadamente en la pantalla.

```css
/* styles.css */

body {
    font-family: Arial, sans-serif;
    text-align: center;
    background-color: #f4f4f4;
    margin: 0;
    padding: 20px;
}

h2 {
    color: #333;
}

#main-image {
    margin-bottom: 20px;
}

#large-image {
    max-width: 80%;
    height: auto;
    border: 5px solid #333;
    box-shadow: 0 0 10px rgba(0, 0, 0, 0.1);
}

.gallery {
    display: flex;
    justify-content: center;
    gap: 10px;
    flex-wrap: wrap;
}

.thumbnail {
    width: 100px;
    height: 100px;
    object-fit: cover;
    border: 2px solid #ccc;
    cursor: pointer;
    transition: transform 0.3s ease, border 0.3s ease;
}
```

```css
.thumbnail:hover {
  transform: scale(1.1);
  border-color: #333;
}
```

Explicación de los Estilos CSS:
- La imagen principal (#large-image) está centrada y tiene un borde para destacarla.
- Las miniaturas (.thumbnail) tienen un tamaño fijo de 100x100px, y al pasar el mouse sobre ellas, aumentan de tamaño y cambian de borde gracias a la propiedad :hover.
- Usamos flex en .gallery para alinear las miniaturas en una fila con espacio entre ellas y con capacidad de envolverse a nuevas líneas si es necesario.

3. Funcionalidad en JavaScript

El siguiente paso es añadir el script en JavaScript que permitirá cambiar la imagen principal cuando el usuario haga clic en una miniatura.
javascript
Copiar

```javascript
// script.js

// Función que cambia la imagen grande
function changeImage(imageSrc) {
  const largeImage = document.getElementById("large-image");
  largeImage.src = imageSrc;
}
```

Explicación del Código JavaScript:
- **changeImage(imageSrc)** es una función que toma el nombre del archivo de imagen como argumento y cambia la imagen principal (#large-image) al valor de imageSrc.
- **getElementById("large-image")** obtiene el elemento de la imagen grande.
- **largeImage.src = imageSrc** cambia la propiedad src de la imagen principal para mostrar la imagen seleccionada.

Evaluación

1. **¿Qué hace la propiedad onclick en el código HTML?**
   a) Permite cambiar el tamaño de la imagen.
   b) Asigna una acción que se ejecuta cuando el usuario hace clic en el elemento.
   c) Muestra una alerta cuando se carga la página.
   d) Aplica un estilo CSS al hacer clic.
2. **¿Cuál de los siguientes métodos se usa para cambiar dinámicamente el src de una imagen en JavaScript?**
   a) setSrc()
   b) changeImage()
   c) document.getElementById("large-image").src = 'new-image.jpg';
   d) document.src = 'new-image.jpg';

3. **En el código CSS proporcionado, ¿qué efecto tiene la propiedad transform: scale(1.1) en las miniaturas cuando el usuario pasa el mouse sobre ellas?**
   a) Aumenta el tamaño de la miniatura.
   b) Disminuye el tamaño de la miniatura.
   c) Cambia el color de la miniatura.
   d) Hace que la miniatura desaparezca.
4. **¿Cuál es la función principal del contenedor #main-image en el HTML?**
   a) Contener las miniaturas de la galería.
   b) Mostrar una versión más grande de la imagen seleccionada.
   c) Aplicar los estilos CSS.
   d) Redirigir a los usuarios a otra página.

5. **Las miniaturas de las imágenes están en una fila debido al uso de la propiedad CSS display: flex en el contenedor .gallery.**
   - Verdadero
   - Falso
6. **El código JavaScript document.getElementByld("large-image").src = 'new-image.jpg'; cambia el texto de la imagen.**
   - Verdadero
   - Falso
7. **En el código JavaScript, la función changeImage() toma como argumento el nombre de la imagen a cambiar.**
   - Verdadero
   - Falso
8. **El uso de transform: scale(1.1) en CSS hace que las miniaturas cambien de color al pasar el mouse sobre ellas.**
   - Verdadero
   - Falso

Actividad de refuerzo en casa (tarea):

____

____

____

Recuperación: ☐   ☐

____

____

Rubrica

	INDICADORES			
	DOMINA	ALCANZA	EN PROCESO	NO ALCANZA
CRITERIO	10 - 9	8 - 7	6 - 4	3 - 0
1. Comprensión Teórica	El estudiante domina el contenido de la temática.	El estudiante comprende el contenido de la temática.	El estudiante comprende medianamente el contenido de la temática.	El estudiante no alcanza a comprender el contenido de la temática.
2. Comprensión Práctica	El estudiante cumple a cabalidad con el desarrollo práctico del tema.	El estudiante cumple con el desarrollo práctico del tema.	El estudiante realiza medianamente el desarrollo práctico del tema.	El estudiante no alcanza a realizar el desarrollo práctico del tema.
3. Redacción y Ortografía.	El contenido está escrito correctamente, distribuido en párrafos, y utiliza adecuadamente las reglas de ortografía.	La mayor parte del texto está escrito correctamente, existen dos o tres errores ortográficos.	El texto presenta algunos errores de coherencia y cohesión, existen cuatro o cinco errores ortográficos.	El texto presenta demasiados errores de coherencia y cohesión, existen más de seis errores ortográficas.
4. Organización y Bibliografía.	El contenido presenta organización en una secuencia lógica que facilita su comprensión. Todas las fuentes de información están incorporadas y ordenadas adecuadamente.	La secuencia del contenido es lógica, pero tiene algunas ideas incompletas. La bibliografía está incompleta pero ordenada.	El texto tiene fallas en la secuencia lógica que impiden comprenderlo completamente. La bibliografía es escasa, pero está ordenada.	El contenido está desorganizado y es muy difícil seguir la secuencia de ideas. No incluye bibliografía.

	INDICADORES			
	DOMINA	ALCANZA	EN PROCESO	NO ALCANZA
CRITERIO	10 - 9	8 - 7	6 - 4	3 - 0
1. Comprensión Teórica				
2. Comprensión Práctica				
3. Redacción y Ortografía.				
4. Organización y Bibliografía.				

Observación:____
____
____
____

Referencias Bibliográficas

- "HTML and CSS: Design and Build Websites" de Jon Duckett
- "JavaScript and JQuery: Interactive Front-End Web Development" de Jon Duckett
- "Eloquent JavaScript" de Marijn Haverbeke
- "CSS: The Definitive Guide" de Eric A. Meyer
- "Don't Make Me Think" de Steve Krug
- "HTML and CSS: Design and Build Websites" de Jon Duckett
- "JavaScript and JQuery: Interactive Front-End Web Development" de Jon Duckett
- "Eloquent JavaScript" de Marijn Haverbeke
- "CSS: The Definitive Guide" de Eric A. Meyer
- "Don't Make Me Think" de Steve Krug

I want morebooks!

Buy your books fast and straightforward online - at one of world's fastest growing online book stores! Environmentally sound due to Print-on-Demand technologies.

Buy your books online at
www.morebooks.shop

¡Compre sus libros rápido y directo en internet, en una de las librerías en línea con mayor crecimiento en el mundo! Producción que protege el medio ambiente a través de las tecnologías de impresión bajo demanda.

Compre sus libros online en
www.morebooks.shop

Printed by Books on Demand GmbH, Norderstedt / Germany